주민자치의 이해를 위한

주민자치제도의 재설계

김찬동

궁미디어
GUNGMEDIA

주민자치의 이해를 위한

주민자치제도의 재설계

발행일 2017년 3월 31일 발행인 오덕성 저자 김찬동
펴낸곳 궁미디어(충남대학교출판문화원) 주소 대전광역시 유성구 대학로 99
전화 042-821-6045 홈페이지 http://www.cnupress.co.kr E-mail cnupress@cnu.ac.kr

ISBN 978-89-7599-627-6 93350
정가 12,000원

주민자치의 이해를 위한

주민자치제도의 재설계

머리말

주민자치에 대한 두 번째 책을 내게 되었다. 첫 번째 책은 주민자치에 대한 이해를 위한 것으로서 주민자치에 대한 개념, 철학, 현재, 개선점, 미래에 대해서 쓴 글이라고 한다면, 이번에 내는 두 번째 책은 좀 더 주민자치에 대한 개혁과 혁신에 대한 글이라고 할 수 있다. 그래서 이 책은 주민자치를 깊이있게 연구하는 사람들이나, 현장의 주민자치에 관심을 가지고 있으면서 어떻게 하면 한국에서 주민자치를 '자치답게' 할 수 있을까를 생각하는 사람들에게 도움을 주고자 한다.

그래서 이 두 번째 책은 주민자치에 대한 철학적 토대를 좀 더 깊이 있게 보면서, 한국과 같이 중앙집권적인 통제와 관리가 강하게 작동하는 정치행정문화 속에서 어떻게 민주주의의 풀뿌리라고 하는 지방자치를 '자치답게' 정착시킬 수 있을 것인가에 대한 생각을 제시한다. 즉 주민자치의 한국화의 문제이다.

또 이번 두 번째 책에서는 현재의 주민자치센터에 대한 비판적 검토를 하고 있다. 그래서 현재의 주민자치센터라고 하는 제도가 어떤 문제점이 있고 어떻게 개혁해나가야 할 것인가에 대한 정리된 생각들을 제시하고 있다.

2부에서는 이러한 1부의 논의를 받아서 구체적인 한국의 주민자치제도를 설계하고 있다. 주민자치의 권한, 구성원, 재정, 조례에 대해서 논의하고, 주민자치란 것이 자치체와 공동체의 자치로 구분된다고 할 때, 과연 공동체의 자치와 어떻게 관련되고 어떤 관계를 가져야 할 것인가에 대해서 논의한다. 이것은 최근에 서울시를 비롯한 혁신적 지방자치단체에서 활발하게 논의하고 있는 도시지역에서의 공동체를 어떻게 활성화시킬 것인가란 주제가 주민자치와 어떻게 연계되어야 하는가에 대한 논의이다.

3부는 해외사례와 제언으로서 일본의 사례를 바탕으로 정부추진안에 대한 제언, 한국의 주민자치모델의 제시, 그리고 세종특별자치시의 사례분석을 통한 제언을 제시하고 있다.

이 책의 출판은 전적으로 충남대학교출판문화원의 지원과 도움이 있었기에 가능하였다. 충남대학교출판문화원에서는 1년에 교수들의 연구서적이나 저서 중에서 몇권을 선정하여 출판을 지원하는 사업이 있어서 이에 응모하여 선정되어서 출판이 가능하게 되었다. 한국의 지방자치의 발전과 자치에 대한 시민들의 생각이 깨어나고 자치제도에 대한 이해가 깊어져서 우리 근린생활구역에 대한 '자치적 사고방식(self-governance mind)'가 확산되고, 우리 삶의 공동체성을 회복하고 자치역량을 함양하는 촉매제가 되기를 기대해 본다.

최근 한국의 자치적 문화가 성숙하고 있다고 평가되고 있다. 촛불집회에서 보여주고 있는 높은 시민의식과 집회문화는 주민총회형의 도시형모델 혹은 국가적 모델을 보여주는 사례로 볼 수 있다. 비폭력과 질서를 유지하면서도 시민으로서의 국가공동체(res publica)에 대한 개인의 생각을 자유롭게 표현하고, 국가권력의 부정한 사용에 대한 항의를 하는 시민의식의 발로를 보고 있다.

주권재민의 헌법적 의미와 민주공화정이라고 하는 헌법 제1조의 의미가 살아서 표현되는 현장을 우리는 최근 경험하고 있는 것이다. 그러면서도 의회민주주의와의 시민총회적 집회와의 관계를 생각하게 되는 것이다. 즉 시민총회적 집회에서의 주장이나 요구가 그대로 대통령과 행정집행부에 반영되지 않는다는 것이다. 시민총회적 집회의 요구와 주장은 대의민주주의적 제도적 장치인 국회를 통하여 수렴되고 심의의결되어야 비로서 대통령과 행정집행부가 바뀌게 되는 것이다.

이에 시민총회적 집회의 요구와 주장이 대의민주주의적 해결방식으로 연계되어져서 국가운영의 헌법적 해결방안으로 소통되는 커뮤니케이션의 선순환구조가 작동되기를 기대해 본다.

원래 로마의 원로원의 의원들이 포럼(forum)에서 연설을 하면서 집정관으로 선출되거나 호민관으로 선출될 때는 도시국가공동체를 위하여 어떤 공적인 기여를 할 것이라고 공약하고, 이에 대한 시민들의 지지를 받아서 일정기간(통상 1년단위)의 임기를 부여받았다. 즉 로마의 공화정은 원로원이 도시국가의 주권을 가지고 있으면서도 시민들의 참여와 지지를 받아서 작동하는 정부운영시스템이었다. 즉 시민총회형 혹은 타운미팅(town meeting)형의 의사결정방식이 가미된 정부(국가)를 운영하였던 것이다.

그러다가 17, 18세기에 이르러 민족국가를 형성하고, 절대왕정이 대두하면서, 민주주의가 의회를 중심으로 형성되고, 사회계약론(존 로크), 대의정부론(존 스튜어트 밀), 시민정부론(존 로크) 등을 통하여 민주공화정 국가의 형성에 대한 철학적인 기반을 제공하게 된다. 그리고 근대국가의 형성과 함께, 산업혁명과 도시화가 진전되면서, 이론적인 국가-시민관계가 제대로 작동하기 어려울 정도로 정부의 규모(size)가 비대해지게 되면서, 시민이 국가의 형성과정에 참여(participation)하는 것이 물리적으로 불가능하게 된다. 결과적으로 대의정부는 엘리트화되기 시작하고, 대표로서 시민과의 소통이 구조적으로 어려워지게 된다.

이것은 대의민주주의의 한계로서 지적되어진 것이고, 20세기 들어오면서, 직접민주주의에 대한 요구가 증대하게 된다. 그래서 대의민주주의를 견제하기 위한 주민발안, 주민소환, 주민투표, 주민감사청구 등의 직접민주주의적 제도적 장치가 기존의 대의민주주의적 제도장치에 추가하게 된다. 한국의 경우에는 이러한 직접민주주의적 제도적 장치가 2000년대 들어와서 급격하게 도입되었던 것이다.

그러나 그렇다고 하여 다수결에 의한 폭력, 중앙집권적 정당권위주의 등의 문제가 해결되는 것은 아니었다. 그래서 주민들이 직접 국가정책과정이나 중앙정부의 행정관리과정에 참여하는 요구들이 점증하였고, 이를 제도적으로 받아들이려는 노력이 '숙의민주주의(혹은 심의민주주의)'제도가 개발되었다. 그것이 바로 원탁회의방식, 배심원제도, 주민참여예산제도, 청책토론회(서울특별시 2012년 이후 도입), 공론조사 등의 기법이다.

문제는 이렇게 한국에서 숙의 민주주의의 제도적 기법이 도입되고 있지만, 대의민주주의제도를 대체하거나, 직접민주주의제도의 한계를 극복하는 수준까지는 이르지 못하고 있다. 이에 온전한 민주주의 혹은 실질적 민주주의를 어떻게 달성할 수 있을 것인가가 과제로 남게 된다. 특히 한국에서는 지방자치를 도입한지 26년째가 되고 있지만, 여전히 지방자치단체의 자치력은 재정구조적으로 후퇴하고 있는 현실에서, 어떻게 해서 한국의 지방자치발전을 도모할 수 있을 것인가를 고민하게 된다.

본 서는 이에 대한 조그마한 실마리를 모색해 보고자하는 시도에서 '자치의 재설계'라는 비전을 가지고 기획되었다. 물론 이 글은 2016년 한해 동안 저자가 한국의 지방자치를 제대로 운영하기 위해서는 주민자치의 재설계(redesign)가 필요하다는 인식을 가지게 되었고, 주민자치제도의 재설계를 위해서는 어떻게 해야 할 것인가에 답하려는 노력의 일환이다. 자치에 대한 철학적 토대를 살펴보고, 주민자치이론의 한국화에 대한 이론적 노력, 주민자치센터에 대한 비판적 검토를 바탕으로 2부에서 주민자치를 재설계해 보았다. 그리고 3부에서는 실무와 현실에서 채택할 수 있는 제언과 제도설계의 사례를 소개하고 있다. 이 책이 한국의 자치를 실질적으로 발전시키기 위해서 과연 어떻게 해야 하는가에 대해 숙고하는 독자들에게 조그마한 단서가 되기를 기대해 본다.

저자는 2016년에 한국지방자치학회의 연구위원장(공동)으로서 국제학술대회를 기획하기도 하였고, 한국도시행정학회의 학술위원장으로서 연례학술대회의 기획에 참여하기도 하였다. 또 한국지방계약학회의 학회장으로서 찾아가는 세미나와 두 번의 학술대회를 기획하기도 하였다. 또 지방자치발전위원회의 실무TF위원으로서 교육자치의 제도개선을 위한 노력도 하였고, 월간 주민자치의 기획위원으로서도 편집과정에 조언도 하는 등, 한국의 지방자치발전에 기여하기 위하여 다양한 노력들을 하고 있지만, 여전히 한국의 지방자치가 제대로 실질화되지 못하고 있는 것에 대한 일말의 책임감을 느끼고 있다. 과연 어떻게 해야 한국에서 자치가 제대로 실질화하고, 민주공화정이 정착할 수 있을까? 기성의 세대에 대한 자문과 세미나 등으로서는 한계가 있는 것이고, 차라리 다음세대의 젊은 인재들에게 기초부터 제대로 가르치고, 함께 독서하고, 대화하는 것이 진정으로 한국의 자치를 발전시키는 것은 아닐까 하고 생각하게 된다.

이 졸저가 이러한 노력에 참고가 될 수 있었으면 하는 바람을 가져본다. 마지막으로 무엇보다도 이 책을 출판할 수 있도록 기회를 준 충남대학교 출판문화원에 감사를 드린다. 그리고 충남대학교 행정학부와 자치행정학과가 한국의 지방자치발전에 선도적으로 기여하는 차세대의 인재들을 길러내는 모태가 되기를 기대하고, 이러한 노력에 이 책자가 도움을 줄 수 있기를 기대해 본다.

2016. 12. 1

충남대 연구실에서

김 찬동

목 차

1부: 이론

1장 주민자치의 철학적 토대와 본질

로크의 관점에서 본 주민자치제도의 형성방안 ········· 15

루소와 주민자치 ········· 24

주민주도형 주민자치회의 본질적 요소들 ········· 32

2장 주민자치이론의 한국화

주민자치이론의 한국화: 한계와 전망 ········· 41

3장 주민자치센터의 비판적 고찰

주민자치센터의 비판적 고찰 ········· 71

2부: 재설계

4장 주민자치의 권한

주민자치회와 마을단위 공동체별 목표와 방향설정 그리고 합의방안 ········· 103

5장 주민자치의 구성원

주민의 자치기구인 주민자치회를 이끌어갈 구성원의 자격과 조건 ········· 113

6장 주민자치의 재정

주민자치회성공요인으로서 주민자치재원확보 및 확대방안 ········ 122

7장 주민자치의 조례

주민자치관련조례제정: 못하는 것인가 안하는 것인가 ··············· 132

8장 주민 자치와 공동체

주민자치회 관점에서 바라본 마을공동체 ···································· 141

3부: 제언 및 해외

9장 정부추진안에 대한 제언

정부가 추진 중인 주민자치회에 대한 제언 ································· 153

정부의 읍면동주민자치회 장단점 및 개선점 ······························ 163

지방자치 속에 주민자치는 얼마나 들어왔나 ······························ 174

10장 일본 사례

일본의 공민관과 주민자치(공민)교육 ·· 182

11장 한국 사례

세종시의 복합커뮤니티센터내 주민자치조직활성화방안 ··········· 192

1부

| 이론 |

1장 주민자치의 철학적 토대와 본질
2장 주민자치이론의 한국화
3장 주민자치센터의 비판적 검토

로크의 관점에서 본 주민자치제도의 형성방안

1

로크(1632-1704)는 근대정치사상가이다. 근대는 민족국가가 등장하는 시기로서 중세적 질서에서 근대적 질서로의 재편시기이다. 위계적 신분제도나 종교적 세계관에서 벗어나 상업이 활성화되고, 도시가 발흥하던 시기이다. 르네상스와 인문주의가 주도하면서 인간중심의 사고방식이 확산되었고, 정치공동체는 인간의 의지와 구성에 의해서 형성되는 인위적 산물이며, 정치적 권위와 주권은 탈신(脫神)화하여 정치적 투쟁의 산물로 인식하게 되었다. 종교개혁에 의하여 이번에는 종교를 탈정치(脫政治)화하였다. 그리하여 남겨진 것은 '세속가치에 국한된 정치'로 남게 되었던 것이다. 그리하여 국가는 공적영역을 담당하고, 시민사회가 사적영역을 담당하는 구분이 생겼다.

정치를 신(神)과 종교로부터 벗어나게 됨으로써 도구적으로 인식할 수 있게 되자, 17세기의 지적혁명과 19세기의 시민혁명과 산업혁명이 일어나게 된 것이다. 근대민족국가의 형성기에 마키아벨리는 군주론(The

Prince)을 통해서 불확실성을 적극적으로 극복하고자 하는 노력과 역량, 신중한 판단력이 정치행위자에게 요구된다고 하면서, 정치가는 혼돈 속에서 질서를 창조하는 능력이 있어야 한다고 주장했다. 현실적 관점에서는 법과 군사력이 훌륭한 통치의 수단이라고 하면서 대내외적인 질서와 안정이 지고의 가치라고 했다.

홉스(1588-1679)는 레바이어던(Leviathan)에서 정치질서의 과학적 탐구를 추구했다. 자연이 원자에서 시작하듯이 사회는 개인에서부터 출발한다고 하였다. 그리고 자연상태의 인간은 자기보전과 행복극대화를 위한 이기적 동기로 인하여 권력을 추구하게 된다는 것이다. 권력을 추구하기 위하여 언어와 이성을 사용한다는 것이다. 원래 이성(logos, reason)은 절대자를 인식하는 능력이 궁극적인 목적이 아니라, 욕망과 열정, 그리고 지배를 보조하는 수단적 능력이기도 하다는 것이다.

그리하여 인간은 평등한 사람들이 만인에 의한 만인의 투쟁이 일어나게 되고, 죽음의 공포와 소외, 단명에서 벗어나려는 열정에서 자연권을 포기하는 결정을 하게 된다는 것이다. 그리고 주권을 제3자에게 양도하게 되며, 이로 인하여 비로소 질서를 유지하게 되고, 평화를 찾게 된다는 것이다. 주권자는 효율적인 통치를 극대화하기 위하여 절대군주의 형태를 취하게 된다는 것이 홉스식의 논리였다. 강력한 주권자를 창출하게 되고, 강제력을 행사하는 권력의 소재를 창출하게 된다는 것이다. 이 때 개인은 정치에서 해방되어 사적관심인 경제활동과 세속적 행복을 극대화하는데 전념하게 된다는 것이다. 즉 이리하여 개인은 탈정치화가 가능하게 되고, 시장(market)이나 경제활동의 비중이 높아지게 된다는 것이다

이에 대해, 로크는 인간관에서 홉스보다 인간의 자유와 평등, 사회성을 가진 존재로서 보았다. 개인은 자연권을 가지고 있고, 이것의 핵심은 소유권이라는 것이다. 그리하여 이러한 생명과 재산, 자유를 보장받기 위하여 정치사회를 구성하는 것이고, 신탁의 방법으로 정부를 구성한다는 것이다. 그리하여 정부가 제대로된 기능을 하지 못하면, 저항하거나 재구성할 수 있다는 것이다.

그리고 정부를 조직할 때에 권력의 자의적 사용을 막기 위하여 입법권과 집행권의 분리를 주장하였다. 그리고 입법부의 우위를 주장하였다. 이것은 입법부가 사회구성원의 의사를 대변하기 때문이다. 따라서 시민사회는 정부권력에 대해 저항할 수 있고, 정부에 대한 신임을 철회할 수도 있다는 것이다. 정치문제는 정치권력담당자와 시민들이 얼마나 자질이나 역량을 향상시키는 것과 관련되고, 세속가치를 추구하는 경제활동의 자유를 효율적으로 보장하는 방법의 문제라는 것이다.

2

로크에 대한 정치철학의 견해는 홉스와 루소의 사이에 위치하는 것으로 평가되고 있다. 홉스와 로크, 그리고 루소는 자연상태(a state of nature)의 개념에서부터 성찰을 시작하고 있다. 로크는 교육이나 재정, 민주주의와 자유주의 등에 대한 매우 폭넓은 주제에 대해서 논하고 있기 때문에 자치학의 이론에 대한 강력한 논거를 제시해주고 있고, 자치행정학의 이론적 건국자라고 할 정도이다.

로크의 논의에서 정부의 역할은 개인의 권리를 수호하는데 있다고 하면서 논리를 전개하는데, 자치의 관점에서 보면, 지역공간에서 근린생활에 필요한 공공서비스를 공급하고 관리하는 집행권한을 가지게 하기 위하여 주민총회의 필요성이 있고, 주민총회에서 형성되는 근린생활정부의 역할이 있는 것이다. 자치는 바로 주민들이 참여하는 주민총회의 존재와 이로부터 권한이 위탁되어 형성되는 근린생활정부(neighborhood government) 혹은 근린생활거버넌스(neighborhood governance)의 존재[1]가 그 본질이라고 할 수 있다.

로크는 자연상태의 개인들은 소유와 행복에 있어서 평등한 권리를 가진다고 한다. 개인들이 평등한 권리를 가지기 때문에 자연상태에서는 서로 원하는 것을 위한 싸움이 벌어질 수 있는 전쟁상태가 될 수 있다.

여기서 홉스는 인간이 야만적이기 때문에 가장 강력한 무력을 가지는 전제군주가 필요하다는 것인데, 로크는 인간이 책임감있고, 도덕적으로 행동할 것이라는 긍정적인 인간관을 가지고 있기에 구성원들의 행복을 실효적으로 추구할 수 있는 정부(government)의 형성을 설계할 수 있다는 것이다. 로크는 인간이 자신의 욕망을 추구할 수 있는 기본권을 가지고 있고, 여기서 소유권이 인간의 자기보존(self-preservation)을 위한 조건이라고 한다.

정부의 역할이 필요한 것은 바로 개인의 소유권을 실효적으로 주장하고 보호하기 위하여 필요하였고 창조되었다고 본다.

주민자치도 주민을 어떤 존재로서 보는가에 따라서 좋은 근린생활자치를 할 수 있는 근린생활정부를 구성할 수 있는가로 이어진다. 주민을 이기적이고 근린생활정부를 구성할 수 있는 역량이 없다고 한다면, 결

1 다른 표현으로는 근린생활거버닝(neighborhood governing)이라고 할 수 있다.

국 근린자치공간은 만인과 만인에 의한 투쟁상태가 될 것이고, 따라서 강력한 '행정권력'이 근린생활구역을 '독점'하게 된다.

그러나, 주민이 시민성을 가지고 합리적으로 근린생활정부를 구성할 수 있는 이성과 합리성을 가지고 있는 존재이며, 근린생활정부의 자의적인 권력행사를 막기 위하여 주민총회를 구성하여 집행위원회(운영위원회)를 견제하도록 한다고 하면, '자치'가 가능하게 된다.

3

여기서 근린생활자치(혹은 주민자치)가 왜 필요한가를 생각해 보자. 개인들이 일정한 지역공간에 함께 모여살게 되면, 근린생활에 필요한 공공서비스와 공공재가 필요하게 된다. 이것은 도로, 교통, 공원, 상하수도, 경찰, 교육, 소방, 도시계획, 청소, 보건의료, 상가 등 근린생활을 위해 필요한 공공서비스가 있어야 하는데, 이것이 공급되어지도록 하기 위하여 근린생활거버닝(neighborhood governing)이 필요하다는 것이다.

여기서 근린생활거비닝은 근린생활거번먼트와 근린생활거버넌스의 합성어이다. 즉 근린생활을 위한 정부영역이 필요하기도 하지만, 근린생활을 위한 시장(market)영역도 필요하고, 근린생활을 위한 사회(society)영역도 필요하다는 것이다.

정부영역에서는 정부관료제나 준정부기관, 혹은 공기업이 근린생활공공서비스의 생산자가 될 수 있지만, 시장영역에서도 사기업, 공기업, 사회적 기업 등이 근린생활서비스를 공급할 수 있다. 사회영역에서는 가정, 마을공동체, 사회적 협동조합, 소비자협동조합, 비영리단체, 시민단체, 지역단체 등이 근린생활서비스를 공급할 수 있다.

4

로크는 정부가 규제력을 가진다고 한다. 그리고 정부가 가진 규제력을 통하여 공동체의 평화가 달성될 수 있다고 한다. 개인의 자유는 정부를 통하여 달성된다는 인식을 가지고 있었다. 정부가 개인의 생명, 자유, 재산의 권리를 보호한다는 것이다.

정부는 피치자의 동의에 의하여 기초되는 것이고, 정부의 권력이 전제화되는 것을 막기 위하여 입법부와 집행부라고 하는 이권분립을 주장하였다. 그 중에서도 우위에 있는 권력은 입법부라고 하였다. 입법부는 법을 만드는 조직이다.

바로 여기서 지방자치의 재도입을 1991년에 한국에서 추진하면서, 지방의회를 먼저 구성하였던 것은 바로, 지방자치의 본질적 기관은 의회(council)이기 때문이다. 의회는 대의제를 통하여 민주주의를 구현하는 제도적 장치이다. 의회를 구성하기 위해서는 투표와 선거제도가 필요하다. 의회는 지방자치단체의 조례를 입법하는 곳이고, 예산을 심의의결하는 권위를 가진 곳이다. 그러한 법의 제정과 집행을 위한 권력을 가진 정부를 형성하였던 것이다. 주민들이 스스로 투표권의 행사를 통하여 자신을 다스릴 수 있는 정부를 구성할 수 있는 것이 주권재민의 의미이다.

한편, 근린생활구역에서는 이렇게 대의제를 통하지 않고, 주민들이 직접 참여하여 의사결정을 할 수 있다. 그것이 바로 주민총회이다. 혹은 토크빌이 말한 타운미팅(town meeting)방식이다. 미국의 뉴잉글랜드에서 청교도들을 중심으로 주민들이 공무에 직접 참여하고, 세금결정에서도 자유로운 선거가 허용되었고, 재판에서도 배심원제가 도입될 정도로 개인의 자유를 중시하였다. 코네티컷에서는 시민전체로서 선거인단을 구성할 정도로 평등이 실현되고 있었다(토크빌, 2009).

타운에서는 시민들이 행정관료를 스스로 임명하고, 공무를 스스로 보기도 하고, 세금도 스스로 부과하였다. 가난한 사람들에게 대한 생계보장이나 도로정비도 직접 하였고, 주민들의 출생이나 결혼, 사망도 기록하였다. 공안유지를 위한 관리나 도로 감찰관도 임명하였다. 공교육을 중시하였고, 타운마다 학교를 건립하였으며, 주민들에 대한 교육의무를 부과하였다. 상급학교는 보다 넓은 지역에 설립하였다. 이들 청교도들에게는 법이 매우 엄격하였다. 강간, 간통, 게으름, 음주 등은 엄하게 처벌하였다. 거짓말이나 벌금도 매로 다스릴 정도였다. 이처럼 뉴잉글랜드 타운에서의 법의 제정과 운영은 자치에서 매우 중요한 것이었다.

5

근린생활거버닝에서 가장 본질적인 것은 주민들이 참여하는 주민총회이다. 여기서 주민들이 내어야 할 세금을 결정하고, 주민들의 공동체를 규율하는 정관이나 법규를 만든다. 그리고 여기서 운영위원회를 구성하고, 필요하다면, 사무국을 둔다. 사무국에는 유급 혹은 무급의 자원봉사자가 사무를 담당할 수 있다. 사무국의 전문성을 확보하기 위하여 전담의 사무국장(혹은 근린생활거버닝 매니저)을 두고, 운영위원회가 임명한 운영위원장의 감독을 받도록 할 수 있다.

이러한 근린생활거버닝을 한국에서 운영하고 있는 공간이 바로 아파트단지이다. 여기서는 주민들이 근린생활정부를 형성하는 로크적 방법에 의하여 자치가 이루어지고 있다. 즉 주민들이 공용공간의 관리를 위하여 아파트단지의 근린생활정부가 필요하였던 것이다. 그리고 아파트단지의 주민들의 생활을 규율할 법이 필요하였다. 바로 아파트의 정관을 만들고, 이를 집행할 근린생활정부로서의 아파트입주자대표회의와 아파트관리소를 둔 것이다. 그리고 주민들이 직접 자치관리하기도 하고(이 경우는 입주자대표회의의 선거는 불필요하고, 주민총회에서 주요한 결정을 한다), 관리를 전문적으로 하는 업체에 위탁하기도 한다. 그렇지만, 일정한 세대이상의 아파트단지의 주민들은 자신의 대표를 선출하여 입주자대표회의를 구성한 것이다. 즉 대의제적 근린생활정부를 구성한 것이다. 그래서 장기수선충당금을 적립하기도 하고, 아파트관리비를 징수하기도 한다. 실질적인 주민주도형의 자치를 하고 있는 것이다. 바로 여기에는 로크식의 시민정부론의 철학이 들어 있는 것이다.

결론적으로 현재의 주민자치위원회나 주민자치시범실시의 협력형에는 근린생활정부를 주민들이 스스로 구성할 수 있는 자연권을 인정하고 있지 않다는 것이 문제이다. 로크의 관점에서 현재의 한국에서 주민자치가 왜 제대로 형성되지 않는가를 보면, 근린생활정부 형성에 대한 '철학'의 빈곤에서 유래하는 것을 알 수 있다. 주민자치를 제대로 설계하기 위해서는 로크의 정치이론을 다시 음미해보고, 근린생활공간에서 어떻게 정부(government)를 형성할 수 있을 것인가라는 기본으로 돌아가서 생각해야 할 것이다.

참고문헌

서울대학교. 2013. 정치학의 이해. 박영사

토크빌. (2009). 윤지근역. 다시보는 미국의 민주주의. 신원문화사.

Thomas D. Lynch/Peter L. Cruise, 2006. Handbook of Organization Theory and Management: The Philosophical Approach, Second Edi.(Boca Raton, FL. CRC Press, 2006). i - xxvi.

루소와 주민자치

1

자치의 본질이 무엇일까를 생각해본다. 본질이라 함은 그것이 있으면, 자치로서의 자치다움을 가지게 되는 요소를 말하는 것이다. 그래야 자치와 자치가 아닌 것을 구분해 낼 수 있는 것이다. 현재의 주민자치위원회와 주민자치회는 과연 자치인가를 판단할 때도 자치의 본질을 가지고 있는가를 가지고 논할 수 있는 것이다.

자치는 주민의 주권의 온전한 행사가 되어야 할 것이다. 그런데 주권의 표현방식이 단지 4년에 한번 정도의 선거를 통하여 대의자(representative)를 선출하는 것만으로는 온전하게 주권이 행사된다고 하기 어렵다. 그래서 직접민주주의적 통제장치로서 주민발안, 주민소환, 주민투표, 주민감사청구 등과 같은 제도가 최근에 한국사회에도 도입된 것이다. 그렇지만 이것도 여전히 그 발동요건이 까다롭기에 주민의 주권자로서의 의사를 표현하고 행정과 대등한 관점에서 협력하고 통제하기에는 한계가 있다.

또 숙의적 토론이 가능한 담론공간이 제도적으로 형성되어 있는 것도 아니다. 여기에 한국 민주주의의 성숙과 발전을 위하여 주민자치란 제도를 어떻게 설계해야 한국의 중앙집권적 행정체제의 한계를 극복하는데 기여할 수 있을 것인가를 생각하게 된다. 이 점에서 루소를 한번 살펴봄으로서 주민자치를 위한 신선한 제도설계의 착안점을 모색해 보려고 한다.

2

루소(1712-1778)는 대의제민주주의의 한계를 지적하면서 직접민주주의를 신봉한 이론가였다. 그래서 민주적 공화주의를 주장하였는데, 대의자들은 엘리트화되기에 시민들의 권익을 진정으로 대변하는데 한계가 있다는 것이다. 그래서 주민들이 직접 투표를 통하여 대의자들을 견제하는 제도적 장치를 도입하여야 한다고 주장하였다.

이러한 주장을 대변하는 것이 4년마다 하는 선거는 투표할때만 주인이고, 선거가 끝나면 노예로 돌아가는 제도이다라고 하면서, 대의자를 선출하는 선거를 부정적으로 보았다. 루소는 헌법제정에서도 직접제헌을 주장하여 시에예스(E.J. Sieyes)의 간접제헌론과 대립하기도 하였다.

루소는 국가론의 중심을 개인간의 사회계약에 두고 있는데, 개인의 자유와 평등을 보호하기 위하여 국가권력에 정당성을 부여하고 있다. 루소는 모든 인간이 평등하게 결정에 참여해야 한다고 주장하였다. 이는 원형민주주의(Urdemocratie)를 상정하는데, 사회계약의 기초에는 모든 사람이 공동으로 행동하기 위해서는 자유롭게 결사할 수 있어야 한다고 한다. 국민총회에 개인의 주권이 속하게 하여야 한다. 국가는 이성적인 개인의 구성체이므로 '일반의지'에 의하여 모두의 복리를 위하여 노력해야 한다. 대의기관은 일반의지를 왜곡시킬 위험성이 있다. 루소는 정당을 인정해선 안된다고 주장하였다. 또 상공업단체나 종교단체는 일반의지를 방해하고 약화시킬 수 있다는 지적을 했다. 주민자치를 설계하는데 있어서 정당참여배제나 지역의 공공선을 위한 조직이 되도록 해야 한다는 것으로 유추할 수 있다. 루소는 근린생활단위의 자치계약을 수립하는 관점에서 주민자치를 설계해야 하는 것으로 응용하여 적용해볼 수 있을 것이다.

3

루소의 대표적인 저작은 사회계약론(1762년)이다. 사회계약론은 대표적인 민권사상이론이라고 할 수 있는데, 자유, 평등, 박애를 주장한 자유주의 이데올로기를 주창한 로베스 피에르 등에 영향을 주였다고 한다. 루소는 로마공화정을 이상적인 정치체제로로 보고, 로크가 주장한 대의제민주주의의 한계를 비판하는 입장에 있었다. 로마공화정에서는 원로원이 주권을 가진 그룹으로 보지만, 민회에서 집정권(후대에는 황제)의 선출시에 추인을 받도록 하고 있었던 것이다. 집정관의 임기도 1년마다 교체함으로써 권력이 특정한 인물에 집중되는 것을 막는 제도적 관행을 가지고 있었다(물론, 시이저가 종신집정관이 되려고 하였던 것이나, 황제제도가 도입되면서는 바뀌게 되었다).

사회계약론에서 국가의 성립이 주민(실질적 국민)의 사회계약으로 성립하는 것이고, 사회구성원들의 의지 중 공공선을 지향하는 부분의 합, 즉 개별의지 중에서 공공선을 지향하는 부분의 교집합이 일반의지라고 하였다. 그리고 이 일반의지가 법질서 성립의 기반이 된다고 하였다. 그래서 정부는 일반의지를 벗어나서는 안되며, 주권은 주민(실질적 국민)에게 있고, 정부는 이를 집행하는 기구에 불과하다. 따라서 정부는 일반의지를 벗어날 수 없다는 정치이론을 제시한 것이다. 이것이 후에 프랑스 혁명의 사상적 지주가 되었다고 한다.

로크는 사회계약론을 통하여 민주적 자치(democratic self-government)를 주장하면서, 개인의 자유와 정치적 의무를 결합시킨 해결책을 제시하였다. 즉, 국가설계에 대한 미래지향적 정치대안을 제시하였던 것이다 그리하여 자기입법(self-legislation)을 통하여 제정된 법을 준수하는 것을 통하여 자기통제가 가능하고, 자유와 정치적 복종이 상보적 관계로 재구성된다는 것이다. 주민자치의 입장에서 보면, 바로 이러한 논리적 구성과 설계가 자치의 본질을 이루는 것이기에 주민자치에서도 규범의 형성과 이의 집행을 할 수 있는 조직과 시스템을 구축하는 것이 자치의 중요한 본질이라는 것을 알 수 있다. 로크는 그리스적 폴리스(polis)를 정치적 이상으로 제시하면서 정치공동체의 규모가 중요하고, 동질성확보와 경제적 형평성을 구비해야 '일반의지'의 형성이 가능하다고 했다. 고전적 공화주의적 전통을 계승하면서 시민교육을 통한 덕성함양과 입법가의 자질을 강조하였고, 시민종교의 기능에도 관심을 가졌다. 이것을 볼 때, 주민자치에서도 제대로된 주민자치를 위해서는 주민자치교육이 중요하고, 근린생활구역에서 입법을 할 수 있는 전문가의 육성이나 발굴이 중요함을 알 수 있다.

로크와 루소의 차이점을 보면, 로크가 이성의 합리성을 강조하였다고 한다면, 루소는 이성과 감성의 조화, 자연권의 강조를 통해 이성만이 진보라고 하는 볼테르 등의 계몽주의 사상가와 그 의견을 달리하였다.

4

루소의 그 외의 대표적인 저작이 에밀(1762년)이다. 이것은 교육의 바이블로 통할 정도의 명성을 가지고 있는 것이다. 인간을 사회에서 고립된 존재로서 상정하는 것이 아니라, 사회 속에서 자연성을 잃지 않은 자유로운 인간을 길러내는 것이 교육의 목적이어야 한다고 하였다. 그래서 교사중심의 전통적 교육이 아니라, 어린이의 개성, 흥미, 경험을 중시하는 아동중심의 자연주의 교육사상을 제시한 것이다. 특히 교육에서 어린이에 대한 칭찬을 강조하였고, 자연으로 돌아가서 교육할 것을 강조하였다. 또 에밀의 교육사상은 생활중심 교육이라든지 노작주의 교육 등을 제시하여 교육학을 선도하는 교육사조를 제시하였다고 한다.

루소가 교육에 대한 저작을 출판하였다는 것은 정치이론은 교육을 어떻게 하는가와 밀접한 관련이 있다는 것을 암시하는 것으로서, 주민자치를 설계할 때도 주민에 대한 교육을 어떻게 할 것인가도 동시에 고려해야 할 것이다. 주민이 단순히 공공성을 어떻게 가질 것인가를 사회교육으로서 생각하는 것만이 아니라, 유아교육과 초중등교육까지도 주민자치란 관점에서 주권을 가진 주민을 길러내고 지역의 특성과 역사를 반영한 글로벌 지역인재를 길러내는 교육을 어떻게 할 수 있을 것인가를 검토하여야 할 것이다. 주민자치가 단순히 지역행정에 참여하거나 의견을 내는 정도가 아니라, 지역의 자치를 경쟁력있게 하기 위해서는 공공서비스로서 교육을 주민자치적으로 어떻게 할지도 병행해서 검토하는 것이 바람직하다고 본다.

루소의 다른 저작은 학문예술론(1750년)을 들 수 있는데, 이것은 학문과 예술의 발전이 인간의 도덕적 발전에 그다지 기여하지 못하였다는 내용을 담고 있다. 즉 근대철학이 추구하는 진리는 원자적 개인과 과학적 진리로 이기적 개인을 절대화하였고, 결과적으로 공동체적 유대에서 벗어나서 고립된 개인이 되어 참된 자아와 정체성을 상실하였고 허위와 허영으로 가득차게 되었다는 것이다.

또 인간불평등기원론(1755년)은 홉스나 로크와 같이 먼저 인간의 자연상태를 논하면서 재산의 사유와 산업발전으로 인해서 불평등이 더 심해졌다는 것을 지적했다. 자연상태의 인간은 평등하였고, 타인에 대한 동정이나 연민의 감정을 가지고 자족적이고 독립적 삶을 영위하였는데, 사회적 삶의 산물로서 인간은 이성을 가지게 되면서, 자기완성을 추구하게 되었고, 이것이 결과적으로 사회적 불평등을 초래하게 되었다는 것이다. 빈부격차와 계급갈등이 심화되었고, 시민사회가 붕괴되었으며, 경제적 불평등은 정치적 불평등으로 전화되었다는 것이다. 인간소외현상이 극단화되었다는 것이다. 그리하여 빈부격차와 계급갈등은 국가권력으로 수렴되어 부유층의 이익을 위한 제도적 장치가 되었고, 국가권력은 경제적 불평등을 정치적 불평등으로 고착시키는 장치가 되었다는 것이다. 이것을 벗어나기 위해서는 시민이 모두 참여하는 의사형성과정이 필요하다고 한다. 시민의 참여를 위해서는 공공선에 대한 인식이 있어야 하고, 공공정신이 자발적으로 형성되어야 한다고 한다.

로크와의 차이는 로크는 인간의 합리적 이성을 강조하면서 이권분립을 주장하고, 인간의 이성에 의한 정부의 구성과 저항의 권리를 시민에게 인정한 것인 반면, 루소는 인간 본성의 감성과 자연성을 강조하였다는 점에서 시민의 참여에 의한 구체적인 정부권력의 통제를 위한 방안을 모색하였다는 점에서 차이를 가진다고 할 수 있다.

5

루소를 통하여 주민자치를 생각해 본다. 원래 루소는 국가의 형성과 인권의 차원에서 이론을 전개한 것이지만, 그 규모를 지역단위로 환원해서 생각해야 하는 주민자치의 관점에서 본다고 하면, 동일한 논리를 적용해 볼 수 있다. 단 여기서 추가해야 할 것은 국가와 지역과의 관계에 대한 논점을 추가해서 생각해야 한다는 제약이 따르기는 하지만.

국가도 자치이고 지역도 자치란 점에서 공통성을 가진다는 것을 감안하면, 루소의 논점을 주민자치에도 적용해보는 시도를 할 수 있다고 본다. 특히 보충성의 원칙을 적용한다고 하면, 당연히 국가에 적용하는 논리를 지역에도 적용해 볼 수 있는 것이다. 주민자치에도 대의제를 견제할 수 있는 직접민주제로서의 주민총회(타운미팅, 혹은 공동의회)가 제도설계상에 반영되어야 할 것이다. 이것이 루소의 주민자치에 대한 견해라고 추론할 수 있을 것이다. 교육의 중요성을 생각하면, 주민총회에서 교육자치에 대한 결정권을 가지고 권한과 책임을 지며 경쟁력있는 교육기관을 형성하고 지역인재를 길러내는 것이 자치에 가장 중요한 생활공공재라고 할 수 있을 것이다.

우리사회의 경제적, 지역적 불평등과 세대간 불평등이 심화되고 있다고 한다. 미래세대의 먹거리를 위한 창조적 경제의 형성이 필요하다고 하고, 기득권의 구조조정도 필요하다고 한다. 국가단위에서는 여러 기득권층에 가려서 제대로된 개혁이 쉽지 않을 것으로 보인다. 아직 제도개혁의 미개척지라고 할 수 있는 주민생활공간에서 국가경쟁력을 혁신할 수 있는 제도설계가 필요하다고 할 수 있다. 주민자치를 설계하는데 있어 행정관리적 입장에서만 맡겨두어서는 안되고, 인문고전의 철학자들의 담론을 새롭게 주민자치영역에 어떻게 도입하고 제도설계시에 반영해야 할지 논의를 시작해야 하지 않을까 한다.

주민주도형 주민자치회의 본질적 요소들

- 한국형주민자치모델 이렇게 만들자 -

주민주도형 주민자치회란 무엇인가? 주민이 주도하는 주민자치회를 의미하고, 주민이 중심이 되는 주민자치회를 의미한다. 이 의미를 정확히 이해하기 위하여 이에 상반되는 주민자치회란 어떤 것인가? 관료제가 주도하는 주민자치회이고 관료가 중심이 되는 주민자치회를 의미한다. 그런데 이것은 자기모순이다. 주민자치회란 주민이 스스로 다스리는 모임을 의미한다. 그런데 관료제가 주도하고 관료가 중심이 되는 '주민자치'란 언어의 자기모순에 빠지는 것이다. 다시말해 관료제가 주도하는 주민자치회나 관료가 중심이 되는 주민자치회는 '거짓의 주민자치'이고 위선의 주민자치이다.

따라서 주민자치회를 논할 때는 주민조직형의 주민자치가 정직한 주민자치이고 올바른 주민자치이다.

주민자치회의 본질은 논하는 이 글에서 주민이 스스로 다스리는 모임의 본질은 다스림에 있다고 본다. 즉 다스린다는 것은 어떤 것이 올바른 것일까?

플라톤은 철인이 다스려야 한다고 했다. 이것은 플라톤의 개인적인 경험으로 볼 때, 스승인 아리스토텔레스가 대중들에 의하여 독배를 마시는 현실을 보고, 또 소피스트들이 대중을 속이는 것을 보면서 대중과 소피스트(당시의 정치가)들에 대한 환멸을 느꼈기 때문일 것이다. 그래서 다스림은 가장 현명하고 훌륭한 인물에 의하여 다스려져야 하는데, 그것이 철인이다. 철인 즉 철학자는 허상을 구분하고 허상을 타파하여 이데아의 세계로 나아가는 사람이다. 현상의 뒤에는 이성과 생각함에 의하여 파악되는 개념과 법칙, 이상이 있는 것이다. 올바른 다스림이란 지혜를 가진 철학자가 정치적 지도력을 가질 때 가능한 것이다.

주민자치란 그렇다면 주민이 자치의 지도력을 가진다는 것인데, 이것을 올바른 다스림이라고 할 수 있을까? 주민(住民)이 단순하게 거주하는 백성이라고 한다면, 이것 또한 소크라테스에게 독배를 마시게 한 대중과 그다지 다르지 않을 것이다. 주민이 주민(主民), 즉 주인된 백성이 되어야 하는 것이다. 자기 삶의 주인이고 자기결정을 하고 자기책임을 질 수 있는 시민이어야 하는 것이다. 그리고 이 주민(主民)은 지혜를 사랑하는 철학자가 되어야 한다. 다시 말해 주민자치의 주민은 일정지역을 자치(自治)하는 리더십을 가지고 지혜를 학습하는 철학자들이 되어야 한다. 주민(住民)이 주민(主民)으로 거듭나게 하기 위해서는 폴리테이아(politeia)를 가지고 진리를 추구하는 군자(君子)가 되어야 한다. 공자는 군자란 정성스럽고 진실한 마음을 가지고 자신과 타인을 대해야 한다고 한다. 군자는 이러한 충서(忠恕)를 가지고 어짊을 실천해야 한다고 한다. 어짊의 기본은 충과 효라고 하고, 사람으로서의 기본이 바로 이 인(仁)이라고 한다. 그리고 군자는 꾸준히 자신을 다스리고 배워야 하고 군자가 많아질 때, 예(禮)가 서고, 예가 서면, 권력자가 월권하지 않고, 권력을 사유화하지도 않을 것이라고 한다. 예를 벗어나지 않는 것이 플라톤식으로 하면 아레테를 벗어나지 않는 것이다.

즉 주민자치가 제대로 되도록 하려면, 일정지역에 주민총회를 통하여 리더십이 세워져야 하고, 대학의 지적 지원을 받아서 주민이 자신을 다스리고 배우는 '군자'가 되어야 한다.

즉, 주민자치회의 본질회복을 위해서는 주민이 군자가 되어야 하고, 주민총회를 통하여 리더십이 정통성을 가지도록 법적 대표성을 확보해야 한다. 올바른 주민자치회는 '주민주도형의 주민자치' '주민이 중심이 되는 주민자치회'여야 한다.

그렇다고 하면, 주민주도형의 주민자치회가 한국의 현실에서 현존하는 읍면동이나 시군구와는 어떤 관계를 가져야 하는가? 올바른 주민자치라고 해서 주민자치회가 분리 독립되어진다는 의미는 아니어야 한다. 이렇게 되면, 일정한 지역을 둘러싸고 있는 환경적 요인들과는 폐쇄적인 공간이 되어 버린다. 올바른 주민자치는 일정한 지역을 둘러싸고 있는 환경적 요인들과 개방성을 가지고 관계(relation)성을 가져야 한다.

즉 인간이 혼자서 인간다운 인간이 되지 못하고, 다른 사람들과 관계를 가지고 공동체를 형성하여야 인간다워진다라고 하듯이, 주민자치체도 다른 주민자치체들과 관계를 가지고 연합체를 형성할 수 있어야 하고, 이러한 주민자치체의 연합체들은 이들 지역을 둘러싸고 있는 환경적 요인으로서의 지방자치체들과 협력적 관계를 가지고 자치행정에 참여할 때, 주민자치다운 주민자치체가 되는 것이다. 이것을 다른 말로 표현하면 바로 거버넌스(governance)이고, 협력적 거버넌스라고 하기도 한다.

거버넌스가 되려고 하면, 주민자치체도 주민자치다워져야 하지만, 자치행정의 관료와 관료제도 개혁되어야 한다. 중앙집권적인 지방행정시스템에 길들여져서 권위주의적이고 통제적이며 규제지향적인 일하는 방식은 바뀌어져야 한다. 행정이 사회를 이끌고 계획하고 세세한 부분까지 통제하던 사고방식에서 벗어나야 한다. 국가의 자원을 국가가 대부분 점유하고, 주민이 자치할 수 있는 자원을 거의 남겨놓지 않던 식민지적 자원관리방식도 탈피해야 한다. 지방자치단체를 중앙정부부처들의 손발역할을 하는 집행조직으로만 인식하였던 기관위임제도적 법제도적 틀도 폐지해야 한다. 조세법률주의라는 논리로 국가만이 국민의 권리와 의무에 영향을 미치는 법률를 입안한다는 국가중심적 사고방식도 개정해야 한다. 헌법개정을 해야 할 필요가 있다고 하면, 헌법개정도 해야 할지도 모른다. 기획재정부가 국가의 거의 모든 예산을 관리하는 단극적 재정관리시스템도 다극적 재정관리시스템으로 개편해야 할 필요성도 있을 수 있다. 무엇보다도 관료들의 일하는 방식에서 행정권으로 자치권을 독점하고 통제하던 방식에서 행정권과 자치권의 분권이 민주주의적 행정이라는 인식을 받아들어야 할 것이다.

과거에는 민주주의적 행정은 법치행정만을 논하였으나, 올바른 민주주의적 행정은 국가권력의 삼권분립과 중앙정부와 지방자치단체간에 역할분담을 통한 지방자치권 보장을 통하여 수평적 및 수직적 분권을 통한 '견제와 균형'이 이루어지도록 행정관리가 이루어져야 할 것이고, 그 과정에서 '대화와 숙의, 그리고 합의를 통한 관리'가 민주주의적 행정이다고 할 것이다. 행정권을 독점하지 않고, 자치권을 행사할 수 있는 여유와 잉여를 남겨두고서 행정권이 자원을 관리해야 할 것이다. 그러면서 행정권이 관리하는 자원과 자치권이 관리하는 자원이 서로 그 효율성을 두고 경쟁하는 구조가 바람직한 민주주의적 행정방식이라고 할 수 있다. 이것은 거버넌스적 행정관리를 의미하기도 한다.

이것이 가능하기 위해서는 현재의 한국에서는 무엇보다도 분권개혁이 이루어져서 중앙정부와 지방자치단체, 광역자치단체와 기초자치단체의 역할분담이 명확히 이루어지고, 권한과 책임을 상응하게 재배분해 두어야 한다. 그리고 보충성의 원칙이 지켜져야 하고, 주민참여에 의한 상향적(Bottom-up)식으로 참여가 이루어지고, 자기결정과 자기책임을 지도록 '행정하는 방식'의 패러다임 전환이 이루어져야 한다. 즉 지금까지는 하향식(top-down)으로 행정하는 방식이 이루어지고 있었기에 이러한 패러다임하에서 개인이나 지방자치단체들은 의존적이고, 수동적이었으며, 생존의 위기 속에서도 스스로 활로를 찾지 못하고, 위로부터 내려오는 지시를 기다리고 따르다가 결국 생명을 잃기도 한 것이다. 자신이 관할하는 영역이나 분야에 대한 권한을 가지고 있지 못하다 보니, 위로부터 내려오는 지시나 자원배분없이는 한발짝도 스스로 결정하지 못하고 실기하여 뒷북을 치는 행정관리를 하게 되어 문제를 근원부터 해결하는 것이 아니라 오히려 문제를 확산시키고 심화시키게 된 것이다.

그렇다고 하면, 주민자치회의 본질을 회복하면서 주민조직형의 주민자치회를 현실적으로 어떻게 설계해야 할 것인가? 구체적으로 한국형 주민자치회 모델을 어떻게 만들어야 할 것인가? 현실 속에서 주민자치회의 이상을 찾아야 한다고 하면, 어떻게 한발 한발 주민자치를 설계해 나갈 것인가?

첫째, 주민자치회의 설치 계층을 통리계층에서 해야 한다. 읍면동계층은 이미 주민센터를 통하여 행정관리권을 읍면동장이 주도하는 구조가 되어 있기에 이 계층에 주민자치회를 시범실시하여도 주민자치를 제대로 하기 어려웠기 때문이다.

둘째, 규모의 측면에서도 현재의 읍면동의 평균인구규모가 2만명 정도 되기에 이것은 주민자치를 하기에는 너무 큰 규모이다. 주민자치의 적정규모는 1천내지 2천명 정도라고 할 수 있다. 물론 규모가 작을수록 제대로 된 주민자치를 하기 쉽고, 주민들의 동질성이 높을수록 주민자치가 용이할 것이다. 이 정도의 규모는 한국에서는 통리정도의 규모이다.

셋째, 주민자치회의 구성은 주민이 참여하여야 한다. 실질적으로 참여할 수 있어야 한다. 즉 주민자치회의 임원들을 선출할 때는 세대의 대표주민이 참여하여서 결정해야 한다. 현실적으로 세대주민들의 참여가 어렵다고 하면, 추첨을 통하여 순서에 따라서 참여할 세대주민의 일정한 수를 구성하여 이들에 의하여 임원을 선출함으로써 최소한 선출의 대표성과 정당성을 확보해야 한다.

넷째, 주민자치회를 통하여 지역주민들에게 공급할 서비스와 사무, 사업을 명확히 해야 한다. 즉 통리규모에 어떤 사무를 자치하게 할 것인지 그리고 부여한 자치사무권에 대해서는 행정이 간여하지 않을 것에 대한 협약이 되어야 할 것이다. 일정한 지역의 방범, 청소, 조경, 주민간 생활분쟁조정 등을 처리할 수 있는 자치권을 부여하여야 한다. 이 자치권에는 자치비를 징수 할 수 있어야 하고, 자치조직을 구성할 수 있어야 하고, 그 조직의 인사권도 자율적으로 행사할 수 있어야 한다. 또 자치를 위한 규약을 주민총회를 통하여 스스로 만들 수 있어야 한다. 자치는 그 지역의 세대주민들이 지켜야 할 규약을 스스로 만들고 그 규약을 집행하고 책임질 수 있어야 하는 것이기에 공동규약을 만드는 것은 자치의 본질이기도 하다.

이렇게 주민자치를 설계하게 되면, 이제 읍면동 주민센터나 시군구의 자치행정조직과 어떤 관계를 가져야 하는가를 생각해야 한다.

먼저, 시군구는 통리구역에 대한 자치권을 지방의회-단체장이 일체가 되어서 이관하여주고, 주민자치회는 수여된 자치권의 전관할성을 가지고 자기결정과 자기책임을 질 수 있어야 한다. 즉 이 자치권속에는 통리구역의 생활자치서비스의 공급과 재원조달에 대한 종합적 권한을 의미하는 것이고, 규약입법권, 규약집행권, 자치회조직권, 자치회사무기구인사권, 자치회예산편성권을 가지는 것이다.

둘째, 읍면동 주민센터는 행정조직으로서 공무원주도적으로 운영되는 구 시스템에서 주민참여 및 지역공동체 대표들의 협의체와 협력하여 거버넌스하는 신 시스템으로 전환되어야 한다. 즉 통리단위의 주민자치회의 대표들과 아파트단지의 입대위대표, 학운위대표 등이 참여하고 이러한 협의체에 일정한 권한을 주어서 심의의결하고, 이에 대한 책임을 질 수 있는 구조를 도입하여야 한다.

셋째, 현재의 주민자치위원회의 인적 구성을 새롭게 해야 한다. 현재는 동장의 추천이나 공모를 통한 임명을 하고 있으나, 통리단위의 주민자치회의 대표나 마을공동체 대표 등의 자치체와 공동체의 대표 혹은 추천한 전문가들로 새롭게 구성되어야 할 것이다.

넷째, 통리단위의 주민자치회의 대표들이 모여서 읍면동단위의 주민자치회협의회가 구성되고, 읍면동단위의 주민자치회협의회의 대표 혹은 추천을 받은 사람들로서 시군구의 주민자치회연합회가 구성되어야 할 것이다. 그리고 이러한 협의체와 연합체는 각각 읍면동과 시군구의 단체장의 집행권한에 대한 행정참여의 파트너가 되어야 할 것이고, 시군구의회의 입법권한에는 침해하지 않도록 그 역할과 권한에 절제와 조율이 있어야 할 것이다.

다섯째, 주민자치회의 정치적 중립성을 확보하여야 하고, 비정당표명을 분명히 하여야 하며, 이것이 지켜지도록 하기 위하여 시군구의회에 대한 중앙정당의 공천권은 폐지되어야 할 것이다. 그리고 시군구의원들은 정당소속을 인정하지 않고, 지역에서 봉사와 행정참여를 통하여 지역주민들로부터 신뢰와 존경을 받고, 리더십이 검증된 사람들로서 구성되어야 할 것이다. 이렇게 되면, 중앙정치를 하려는 후보자들도 주민자치회에서부터 지역사정에 관심을 가지고 비정당적인 참여훈련을 가져야 할 것이다.

여섯째, 주민자치회의 자치 3계층(통리주민자치회-읍면동주민자치협의회-시군구주민자치연합회)이 실질적으로 작동하기 위해서는 이 계층에 대한 행정기관의 역할이 명확해져야 한다. 즉 시군구는 지방자치단체로서 존재하지만, 읍면동에 대한 행정기관의 축소내지는 폐지가 필요하고, 통리단위에서는 행정말단조직으로서의 통리장은 전면폐지하여야 할 것이다. 그리고 정책영역이나 행정분야별로 할거적으로 나누어진 행정기관들은 통합 내지는 시군구 지방자치단체의 행정위원회(심의의결권을 가진)로 흡수되어야 할 것이다.

일곱째, 주민자치회가 실질적으로 생활자치서비스를 공급하고 자기결정과 자기책임을 질 수 있도록 하기 위해서는 중앙-지방정부간의 분권개혁 실질화와 역할분담의 명확화는 전제조건이다.

여덟째, 주민자치회가 실질적으로 작동하려면, 주민들의 참여와 시민정신을 가지고 지역문제에 관심을 가질 수 있는 여유와 역량이 있어야 한다. 초중고때부터 자치와 참여에 대한 교육이 이루어져야 하고, 인문고전에 대한 학습을 통하여 자치철학을 가지도록 해야 한다. 글로벌시대에 경쟁력은 자신의 문제를 스스로 생각하고 해결하려는 공동의 노력을 조직화할 수 있는 역량을 가져야 한다는 것을 어릴 때부터 가르쳐야 할 것이다. 특히 대학의 자치권이 확보되고, 자치적 참여와 운영을 위한 공동체형성의 대학문화를 함양하는 것은 우리 한국사회의 국가적인 경쟁력을 키우는 디딤돌이 될 수 있을 것이다. 이런 토양위에 지역에서 생활자치에 대한 구조로서 주민자치회가 제도설계될 때, 한국형 주민자치가 활성화될 수 있을 것이다. 한국인 속에 내재한 자치DNA를 개발하는 것은 동북아의 새로운 질서를 선도하는 비전을 이루어가는데 씨앗이 될 것이다.

요컨대, 한국형 주민주도 주민자치회의 본질은 '깨어 있는 주민'이다. 문제는 주민이 깨어날 수 있도록 제도와 구조를 만들어 주어야 하고, 어느 계층과 규모에 이 제도와 구조를 만들어주는 것이 보다 현실적이고 합리적인가이다. 또 하나는 이러한 주민이 깨어나는 것을 방해하는 기득권 세력이 있다는 것이고, 주민자치 문제에서는 행정기관의 지나친 확장 욕구와 통제 관행을 깨어주어야 한다는 것이다. 사회문제가 단순할 때는 효과적이었지만, 사회문제가 복잡하고 다극화되어 있는 21세기에 행정기관의 권한독점 욕구는 제지되어야 하고, 권한을 분산시키고 다원화시켜주어야 한다. 이것이 행정개혁의 방향이고 필요성이다.

주민자치이론의 한국화: 한계와 전망[2]

Ⅰ. 문제제기

행정학의 한국화는 토착화의 연장선에 있는 것이라고 한다. 그래서 1970년대부터 토착화논의가 시작되었고, 토착화와 한국화는 개념적 구분을 하고 있다. 즉 토착화는 외국이론을 받아들이고 토착적 필요에 의하여 다소 수정하는 것이고, 한국화는 새로운 이론을 창출하고 외국에 전파하여 종주국적 혹은 독립변수적 성취에까지 이른 것이라고 한다(오석홍, 2005).

이와 다른 견해를 갖는 것이 안병영(2005)인데, 외국이론을 소화하여 새로운 차원으로 발전시키는 것이나 외국이론과는 무관하게 한국사회와 문화의 특성을 반영하여 독창적인 이론을 개발하는 것을 한국화로 본다. 즉 오석홍의 토착화와 한국화의 구분을 하지 않는 것이다.

한편, 한국화를 세가지 단계로 구분하는 경우도 있다(이종범, 2005). 즉 첫

2 한국행정학회(2016) 추계학술대회에 발제한 논문임

째가 모방으로서의 한국화, 둘째가 특수한 이론의 개발로서의 한국화, 셋째가 보편이론의 개발로서의 한국화이다.

주민자치이론의 관점에서 한국화의 문제를 생각하면, 여전히 모방으로서의 한국화의 단계에 그치고 있다고 할 수 있다. 즉 1998년에 한국의 지방행정체제에 주민자치라는 것을 도입하였기에 그 역사가 불과 20년도 채 되지 않는다.

물론 최근에 조선시대의 향약이나 계 등도 주민자치적 전통과 문화를 가진 것으로 보고, 주민자치의 뿌리를 여기에서 찾아내어 주민자치의 한국적 이론이 있는 것이라는 주장을 하기도 한다. 이것은 조석준(2004)의 마을연구를 통하여 한국행정현상의 분석을 시도한 것을 생각나게 한다(이시경, 2009:56-59). 한국행정의 가치관이 전통 마을의 가치관이나 가족관념을 반영한 것이라는 분석이다. 그러면서 공(公)의 관념이 사(私)의 관념에 얽혀서 연고주의, 권위주의, 사인주의 등의 한국행정문화의 특성이 나타난다고 분석한 것이다.

그러면서 한국행정의 문제점을 개혁하기 위해서 마을의 전통문화속에 있는 두레정신이나 계의 정신을 활용하면 권위주의적이고 계서적 의사결정을 개혁할 수 있고, 전근대적인 행정의 근대화를 하는데 도움을 줄 수 있는 가능성이 있을 것이라고 제시하고 있다.

그러나, 마을이 어떻게 행정과 연결되고 연계되는가에 대한 분석을 놓치고 있다고 본다. 마을이 공동체를 형성하고, 공동체가 자치체를 형성하여 행정관료제와 병립해야 하는데, 도시화로 인하여 도시공간에서는 공동체가 형성되지 않았기에 자치체의 형성도 어려워져, 결과적으로 행정관료제가 마을공간을 지배하고 통제하게 되었다고 볼 수 있다.

이런 토양에서는 주민자치이론이 뿌리 내리기도 어렵고, 토착화는 물론 한국화도 어려운 것이라고 할 수 있다.

여기서 토착화 없이 한국화가 가능할 수 있는가를 질문할 수 있는데, 한국적 특수성을 반영한 주민자치이론이나 보편이론의 개발로서의 주민자치이론을 만들 수 있는가이다. 이것은 보편이론으로서의 주민자치이론이 과연 한국화된 주민자치이론과 일치할 수 있는가의 문제인데, 아직 이 단계까지는 일천한 한국의 주민자치의 역사를 보건대, 요원한 이야기라고 할 수 있다.

한편, 행정이론의 한국화에는 4단계가 있다고 한다. 단순모방기-적응모방기-창조태동기-학문성숙기라고 한다. 단순모방기는 외국이론을 무비판적으로 수용하는 시기이고, 적응모방기는 토착화문제를 고민하는 시기이다. 창조태동기는 새로운 이론과 개념을 창조하는 시기이고, 학문성숙기는 창조된 이론의 보편성을 확대해가는 것이다(이시경, 2009:60).

주민자치이론의 입장에서 보면, 1998년에 한국에 주민자치위원회라는 조직을 만들어서 주민자치를 도입하면서 외국이론, 특히 일본의 주민자치를 단순모방한 시기라고 할 수 있다. 그리고 10여년간의 주민자치위원회와 주민자치센터의 운영에 대한 경험을 바탕으로 평가해 보니, 이러한 주민자치위원회로서는 더 이상 주민자치의 발전이 어렵다고 보고, 새로운 '주민자치회'라고 하는 모델을 제시하여 적응모방을 하고 있다. 그래서 주민자치가 한국의 상황에 토착화하도록 하기 위하여 새로운 모델을 제시하고 있다고 일단 생각할 수 있다.

물론 여기에는 한계가 나타나고 있다. 세가지의 모델을 제시하였는데, 협력형[3], 통합형[4], 주민조직형[5]이라고 하는 세가지의 모델이 시범실

3 실제로는 관주도형

시되고 있는 것이 아니라, 협력형만을 도입하고 있다. 이것은 한국적 현실에서 불가피하고, 법치행정에 부합하도록 하기 위한 불가피한 선택이라고 하고 있다.

주민자치를 한국적 현실에 적응시키는 데 있어서 외국이론을 그대로 받아들이기에는 한국적 토양이 미성숙했다고 본 것이다. 즉 주민자치의 한국적 토착화 혹은 주민자치의 한국화라는 시도는 여기서 중단되고 있다.

따라서 주민자치이론의 창조태동기라든가 학문성숙기로의 진전은 요원한 것이 아닌가 한다.

그렇다고 하면, 여기서 주민자치이론의 한국화는 먼저 외국의 이론이 어떤 것인가에 대한 것을 먼저 명확히 규명하는 것이 필요하다(2장). 그리고 3장에서 한국의 주민자치가 어떤 토양에서 뿌리내리고 있는가에 대한 현실분석이 필요하다. 이를 바탕으로 4장에서는 한국행정문화의 특징이라고 하는 '권력'변수, 행정자치일원론[6]의 '문화'적 토양을 그대로 인정하면서 주민자치이론을 한국화하는 것이 과연 가능한가, 그리고 이것이 보편적 개념의 주민자치이론으로 볼 수 있을 것인가의 논쟁을 다루고자 한다.

---

4 실제로는 행정관료제 유지형이라고 볼 수 있음

5 주민주도형에 의한 주민자치에 해당

6 행정자치이원론은 행정과 자치는 서로 다른 근원을 가지고 있는 것으로서 행정은 관리기능만을 가지나 자치는 정치기능을 가지고 있는 것이다. 한편, 행정자치일원론은 행정과 자치가 동일한 근원을 가진 것으로서 자치도 관리적 기능만이 있는 것으로 자치에서 의사결정기능을 통한 정치적 기능이 없다는 것을 의미한다. 다시말해 행정자치이원론에서는 자치에서 의사결정기능을 가진 것으로서 정치적 기능을 가지고 있기에 행정이 가진 관리적 기능과는 그 근본을 달리한다는 의미가 들어 있다.

II. 주민자치이론의 한국화에 대한 논점

1. 이론의 한국화

주민자치는 주민과 자치로서 구성된 단어이다. 여기서 먼저 자치의 개념과 이론을 먼저 살펴보자. 자치는 스스로 다스린다는 의미로서 지방자치(local self-government)는 특정지역으로서의 지방이 또는 지방에 사는 사람들이 스스로 다스림을 의미한다(김병준, 2011:3).

유럽지방자치헌장에서 지방자치의 중요성과 기본정신에 대해서 다음과 같이 정의하고 있다[7].

> 지방자치는 지방정부가 주민의 이익을 위해 공공사무의 상당부분을 법률의 범위 안에서 자기책임아래 처리할 수 있는 권리와 능력을 가지는 것(Local self-government denotes the right and the ability of local authorities, whthin the limits of the law, to regulate and manage a substantial share of public affairs under their own responsibility and in the interests of the local population).

여기서 지방자치는 공공사무의 규제와 관리와 관련된다는 것이다. 이는 법을 제정할 기관과 이의 집행기관이 있어야 자치라고 할 수 있음을 암시한다.

이것은 유럽지방자치헌장 3조2항에서 자치권은 의회(council or assemblies) 등의 대표기구나 그에 책임을 지는 집행기구에 의해서 행사되어야 한다고 하고, 의회 등 주민대표기구가 이러한 권한을 행사한다고 하여 주민투표 등의 법이 허용한 주민의 직접참여(direct citizen participation)를 위축해

7 이하 김병준(2011:4)인용

서는 안된다고 규정하고 있다.

여기서 알 수 있는 것은 지방자치든 주민자치이든 자치이기 위해서는 대표기구와 집행기구의 존재를 전제하고 있다. 이것이 없으면 자치라고 하기 어렵다.

김병준(2011:9-11)은 지방자치의 필수적인 구성요소로서 세가지를 들고 있는데, 구역, 주민, 지방자치단체(지방정부), 자치권을 들고 있다. 즉 여기서도 자치이기 위해서는 지방자치단체 혹은 지방정부가 구성되어야 한다는 것이다. 이것이 없이는 자치라고 하기 어렵다[8].

그러면서, 자치권이라 함은 국가에서 부여하거나 보장하는 경우이거나 주민이 구성한 자치조직에 의하여 형성되기도 한다고 한다(김병준, 2011:11). 그리고 자치권에는 자치입법권, 자치행정권, 자치사법권, 자치조직권, 자치재정권을 포함한다고 한다.

그럼에도 불구하고, 지방자치에는 두가지의 방식으로 실시된다고 말하면서 지방정부가 이중적 지위를 가지는 단체자치국가와 지방정부가 단일지위를 가지는 형태로서의 주민자치국가로 구분하고 있다(김병준, 2011:12-15).

여기서 본고의 논의가 주민자치이니 단체자치와 구분되는 것으로 이해해서는 안된다는 지적을 김병준(2011:16)은 강하게 지적하고 있다. 즉 주민자치이든 단체자치이든 이것은 지방정부의 지위에 대한 구분인 것이지 이를 차별하여 구분할 수 있는 것은 아니라는 것이다.

그런데, 주민자치를 한국에서 1998년 이후에 도입하기 시작하였다는 관점에서 보면, 위의 설명은 혼란을 불러일으킨다. 즉 읍면동계층에 주

8 이 점에서 보면, 한국에서 주민자치라고 하면서 대표기구와 집행기구의 존재를 상정하지 않고 있기에 자치라고 하기 보다는 주민참여 혹은 행정자문기구에 불과하다는 비판이 가능하다.

민자치센터를 설치하고 활성화함을 통하여 '주민자치를 실현'한다고 하기 때문이다[9].

주민자치센터설치를 통하여 주민자치를 실현한다는 시각은 김병준의 지방정부의 위상을 단체자치국가로 보는가 주민자치국가로 보는가의 구분과는 전혀 다른 시각이다. 김병준의 시각은 어디까지는 지방정부나 지방자치단체를 대상으로 하여 이것이 이중적 지위를 가지는가(단체자치국가), 단일지위를 가지는가(주민자치국가)로 구분하는 것이다.

따라서 주민자치센터와 같이 지방정부나 지방자치단체가 아닌 단순한 물리적 공간에 불과한 것을 대상으로 주민자치를 실현한다는 시각을 한국에서 가지고 있다는 것은 '잘못된 토착화'의 전형적인 사례라고 할 것이다.

다시 말해, 주민자치를 이야기 하면서 지방자치단체나 지방정부도 아닌 것을 대상으로 삼고 이를 주민자치의 실현이라고 표현하는 것은 주민자치에 대한 기본적인 이해와 인식을 잘못하고 있다는 것이다.

이 점에서 주민자치의 한국화는 첫 발부터 잘 못 딛고 있다는 것이다. 주민자치센터는 동주민센터의 일부 공간일뿐이지, 이것을 지방자치단체나 지방정부라고 할 수 없다. 주민자치이론의 한국화는 첫발부터 잘못된 대상을 잡았고, 자치의 기본요소라고 할 수 있는 구역을 가지지 않고 있다. 주민없는 주민자치라는 비판을 받고 있는 것을 생각하면, 주민자치는 주민이라고 하는 구성요소도 가지고 있지 못한 것이다. 자치권의 구성요소에 해당하는 자치입법권이나 자치재정권 등을 당연히 가지고 있지 못하다. 한마디로 한국에서의 주민자치이론의 토착화는 뿌리도 내리지 못한 것이다. 한국에 주민자치는 이론적으로 엄밀하게 말하

9 인천시주민자치센터지원에 관한조례(2015. 4.13) 제1조

면 없다.

2. 주민자치에 대한 오해

한국은 김병준의 이론에 의하면, 지방정부가 이중적 지위를 가진 단체자치국가에 해당한다. 한국은 중앙정부가 지역단위에 종합 지방행정기관을 설치하고, 여기에 법인격과 일정한 사무에 대한 자치권을 부여하는 방식을 택했다. 프랑스에서는 지방정부를 설치하고, 중앙정부의 지역단위 지방종합행정기관의 지위를 부여하는 방식을 택했다고 할 수 있다.

어느 경우이든 지방정부(지방자치단체)는 자치사무와 국가사무를 모두 처리하게 되고, 지방정부는 자치단체와 중앙정부의 지역단위 행정기관이라고 하는 이중적 지위를 가지게 된다. 일본이나 독일, 프랑스, 한국이 이에 해당한다.

그런데, 여기에 읍면동계층에 주민자치를 도입하였다고 하는데, 그 실상을 보면, 주민자치센터를 설치한 것이고 여기에 주민자치기능을 수행하도록 한 것에 불과하다. 주민자치센터를 설치한다고 해서 단체자치국가로서의 한국이 주민자치국가로 분류되는 것은 아니다.

이러한 실상을 정확히 살펴보기 위하여 주민자치센터설치 및 운영조례를 면밀히 살펴볼 필요가 있다[10].

주민자치센터의 기능으로서 6가지를 들고 있다. 주민자치기능, 문화여가기능, 지역복지기능, 주민편의기능, 주민교육기능, 지역사회진흥

10 이하 가평군 주민자치센터 설치 및 운영조례(2007.1.5.) 참조

기능이다.

〈표1〉 주민자치센터의 기능

주민자치센터기능	사례
주민자치기능	지역문제토론, 마을환경가꾸기, 자율방재활동
문화여가기능	지역문화행사, 전시회, 생활체육
지역복지기능	건강증진, 마을문고, 청소년공부방
주민편의기능	회의장, 알뜰매장, 생활정보제공
주민교육기능	평생교육, 교양강좌, 청소년교실
지역사회진흥기능	내집앞청소하기, 불우이웃돕기, 청소년지도

출처: 가평군주민자치센터설치 및 운영조례(2007). 저자작성

주민자치의 기능은 있지만, 주민자치센터를 주민자치라고 하기는 어렵다. 김병준이 사용한 주민자치는 주민자치국가로서 지방자치의 '방식'을 분류하는 개념으로서 사용된 것이지, 주민자치를 단체자치국가의 분류속에 속하는 한국에 새롭게 도입해야 한다는 개념으로 사용한 것이 아니다. 더구나 주민자치센터는 지방자치단체가 아니다.

여기서 한국에서 주민자치에 대한 오해를 가지고 있는 것이 아닌가 한다. 즉 주민자치는 읍면동계층에 도입하는 것이고, 단체자치는 광역시도와 시군구에 도입하는 것이다라는 인식이다. 김병준의 분류에 의하면 한국에 도입된 지방자치는 단체자치국가의 지방자치 '방식'을 도입한 것이기에 주민자치국가 '방식'을 도입할 수 없다. 그럼에도 불구하고, 한국의 지방자치가 불완전하기에 주민자치를 도입하여야 한다는 논리는 논리성이 없다는 것이다.

즉 단체자치국가에 주민자치국가의 지방자치 '방식'을 도입하는 것은 불가능하다고 할 것이다.

그렇다고 하면, 한국에 주민자치를 도입해야 한다는 주장들은 어떤 오해를 가지고 있는 것일까? 이것을 김병준은 그의 저서에서 '사잇글 1-1 단체자치와 주민자치 유감'이란 글을 통하여 지적하고 있다. 주민자치에 대한 한국에서의 오해를 표로 정리하면 다음과 같다.

즉 주민자치는 고유권설에 입각한 자치이고, 자치권의 부여주체가 주민이며, 직접민주정치를 하는 것이 주민자치이다는 주장을 하는 것이다. 그런데 이것은 김병준에 의하면, 주민자치에 대한 오해라는 것이다.

〈표2〉 단체자치와 비교한 주민자치에 대한 오해

	단체자치	주민자치	비평
법률과 정치의 구분	법률적의미의 자치	정치적 의미의 자치	기본적으로 양자를 모두 지님[11]
자치권의 부여주체	국가	주민	
자치권유래	전래권설	고유권설	영국에서 자치권을 국가가 부여함(헌장을 통한 부여) 미국에서도 자치권은 주가 부여한 권한이다는 딜론의 원칙이 40개주에서 통용.
법인격	있음	없음	
주민의 권리행사방식[12]	간접민주정치	직접민주정치	주민자치국가에서도 지방정부는 국가가 부여하는 법인격을 지님

출처: 김병준(2011:16)에서 저자 작성

11 프랑스와 독일 등 단체자치의 전통이 강한 나라에서 자치권의 범위와 중앙-지방관계와 관련해 정치적 이해관계가 부딪히기도 하였고, 주민자치전통이 강한 미국이나 영국에서 자치권의 범위와 주민권리의무를 법률에 규정하기도 함.

12 지방자치의 형태와 직접적인 상관관계 없는 것임

요컨대, 한국에서는 단체자치국가의 지방자치단체는 있는 것이지만, 주민자치센터를 주민자치를 수행하는 것으로 볼 수 없다.

또 주민자치위원회의 구성을 보면, 읍면장이 관할구역에 종사하는 사람이나 사업장 종사자, 단체대표자로서 봉사정신이 투철하고 자치센터운영에 필요한 전문지식을 갖춘자를 위촉하도록 하고 있다[13]. 비록 주민자치위원의 기능[14]으로서 '주민의 자치활동강화'를 들고 있지만(조례17조), 이것을 김병준이 말한 '지방자치의 방식'으로서의 주민자치라고 할 수는 없다.

3. 주민자치의 신제도화에 대한 관점

지방자치발전위원회는 2013년 주민자치위원회제도의 문제점을 직시하고, 한국의 지방자치발전과 성숙을 위하여 주민자치회 제도를 도입하기로 하였다. 주민자치회 제도의 모형으로서 협력형, 통합형, 주민조직형을 제시하였다. 여기서 제시된 주민자치는 주민자치국가의 지방자치 방식을 의미하는 것으로 이해된다.

한국에서 지방자치가 재도입된지 26년이 되고 있지만, 오히려 지방자치단체의 재정자립도가 하락하고 있다든지, 중앙정부에 대한 의존도가 더 심화된다는 비판을 받고 있다. 즉 지방자치의 퇴행현상이 생기고 이에 대한 비판이 일어나자, 제대로된 지방자치를 도입하고, 실질화된 주민자치를 도입하기 위하여 '주민자치국가'의 지방자치 방식을 도입하기

13 가평군 주민자치센터 설치 및 운영조례(2007.1.5.) 제18조

14 주민자치위원회의 기능으로서 자치센터설치 및 운영, 주민의 문화복지편익증진, 주민의 자치활동강화, 지역공동체형성 등을 들고 있다(조례17조)

로 한 것으로 보인다.

그래서 읍면동계층에 주민조직형의 경우는 동사무소(동주민센터)를 폐지하고, 주민자치회가 사무기구를 두고 직접 주민자치를 하도록 한 것이다.

이것은 주민자치이론에 대한 새로운 시도라고 할 수 있다. 즉 단체자치국가의 지방자치를 하는 한국에 '주민자치국가의 지방자치'를 읍면동계층에 도입하겠다는 것으로 이해된다. 다시 말해, 광역시도와 시군구에는 '단체자치국가의 지방자치'를 적용하고, 읍면동계층에는 기존의 동주민센터라고 하는 행정조직을 폐지하고, '주민자치국가의 지방자치'를 도입하는 것이다.

주민자치이론의 새로운 '창조태동'이라고 해야 할 것이다. 만일 단체자치국가의 지방자치를 도입한 국가에서 주민자치국가의 지방자치를 도입하여 양자가 함께 병존하게 한다고 하면, 이것은 새로운 주민자치이론으로 성숙하는 것은 아닐까?

본 고에서는 주민자치이론의 '신'제도화라는 관점에서 한국에 과연 주민자치국가의 지방자치로서의 방식이 도입될 수 있을 것인가를 체계적으로 분석하고, 행정관료제의 통제문화가 강한 권위주의적 사회에서 과연, 주민자치국가의 지방자치 방식이 도입될 수 있을지를 분석하고자 한다.

4. 분석틀

이 문제를 분석하기 위하여 먼저 한국에 도입된 주민자치의 형태로서의 주민자치위원회, 주민자치회의 시범실시를 분석하고 주민자치제도 수입의 오류와 지방자치제도 재도입의 오류를 분석하고자 한다.

이 과정을 통해 한국의 행정문화의 토양에서 자치의 본질이 뿌리내릴 수 있는지와 한국적 토양의 이질성이 무엇인가를 분석하고, 자치의 본질을 우선할 것인가 한국적 토양에 맞게 타협할 것인가라는 이슈를 다루어 나가고자 한다.

이러한 분석의 준거는 김병준의 지방자치계보 혹은 '지방자치방식'으로서의 단체자치국가와 주민자치국가라는 개념이다.

III. 주민자치의 현황과 제도설계과정의 분석

1. 주민자치위원회

주민자치위원회는 1998년 행정개혁의 일환으로서 도입된 것이다. 당시 IMF의 국가부채 위기로 인하여 공공행정도 개혁을 하지 않을 수 없는 상황이었다. 이에 대폭적인 정부조직축소가 추진되었고, 이 일환으로 동사무소에 대한 폐지논의가 있었다. 그렇지만, 당시 동사무소에는 공무원이 평균 30여명이 있었고, 이를 폐지하게 되면, 10만명의 공무원을 시군구로 재배치하여야 하는데, 이것은 현실적으로 저항이 심하였고, 이에 대한 타협책으로서 동사무소의 인력을 약 15명정도로 축소하고, 사무도 민원행정과 복지행정사무에 한정하여 남겨두고 청소, 건축, 도로 등의 사무는 시군구로 복귀하는 개혁을 하게 되었다.

이로 인해 남는 동사무소의 시설공간에 주민자치센터를 설치하고,

주민들의 공동체형성과 주민자치를 위한 공간을 주며, 이에 주민들이 참여하여 자치적으로 운영하도록 하면서 주민들의 의사결정기구로서 주민자치위원회를 설계한 것이다.

그리고 주민자치에 대한 제도 설계자들의 인식도 주민자치는 주민들이 임의로 조직하는 것으로서 행정사무가 아니라는 입장에 섰던 것이다. 단지 행정은 주민자치가 하는 공간에 대한 관리사무를 담당하고, 그 공간에서 진행되는 프로그램운영에 대한 것만 주민들이 자치적으로 한다는 인식에 섰던 것이다.

당시 주민자치위원회를 벤치마킹하기 위하여 일본의 커뮤니티센터를 모델로 하였다. 일본의 커뮤니티센터는 커뮤니티센터라고 하는 거점공간이 있고, 여기에 주민협의회가 조직되어서 커뮤니티센터의 운영을 자치적으로 관리하는 것이다. 그리고 일본에서는 주민자치회라고 하는 정내회(町内會)나 자치회(自治會, jichikai)는 근린생활구역에서의 주민자치조직이다. 따라서 일본에서의 주민자치조직인 정내회나 자치회는 커뮤니티센터의 주민협의회와는 그 성격이나 목적이 전혀 다른 것이다. 커뮤니티센터의 주민협의회는 일본의 도시지역의 지방자치단체가 지역공간관리의 일환으로서 도시정부의 행정구역을 몇 개로 나누고, 주민들이 스포츠나 도서관, 체육관 등의 시설을 설치하여 커뮤니티를 도시지역에서 형성할 수 있는 거점공간으로서의 의미가 있는 것에 대한 '주민참여'적 의미가 있는 것이지 주민'자치'라고 하기는 어려운 것이다(김찬동, 2015).

즉 한국에서 주민자치를 염두에 두면서 일본의 커뮤니티센터의 주민협의회를 벤치마킹하면서 한국에 '주민자치'를 제도설계하였다는 점에서 이는 '정책도입의 오류'에 해당한다. 즉 한국의 토양에 주민자치를 도입하려고 하였는데, 일본의 주민협의회와 커뮤니티센터(도시지방자치단체가 설치한 공간)를 벤치마킹하였기에 사실은 일본의 주민자치를 제대로 도입한 것이 아니라는 점이다.

2. 주민자치회의 시범실시

한국에서 주민자치위원회를 도입하여 10여년 운영하면서 알게 된 것은 읍면동의 주민자치센터의 프로그램이 주로 취미, 여가 프로그램중심이고, 주민자치다운 주민자치가 제대로 이루어지고 있지 않다는 비판이 제기되었다. 또 주민자치라고 하는데, 주민자치위원들이 주민들로부터의 대표성도 없고, 실제의 사무는 프로그램운영에 관한 과목선정, 수강료결정 등에 대한 것이어서 주민이 없는 주민자치, 동행정의 자문위원회에 불과하다는 비판을 받았다.

조례상에서는 주민자치가 지역진흥, 자치활동, 문화복지편익증진, 지역공동체형성 등의 기능을 부여하고 있지만, 실제로는 취미문화를 통한 공동체 형성 정도에 그치고 있는 것이다.

이러한 비판을 극복하기 위하여 주민자치를 제대로 설계하자는 취지에서 2010년 주민자치회의 모형설계가 지방행정체제개편위원회의 근린생활분과에서 제안되었다. 당시 지방행정체제개편의 과제로서 시군의 통합에 대한 논의가 있었고, 이에 대해 기초지방자치단체의 규모가 지나치게 커지니, 이에 대한 비판에 반응하는 방안으로서 주민자치를 제대로 실시하게 한다는 취지의 '주민자치회'를 도입하기로 결정한 것이다.

여기서 제안된 모델은 협력형, 통합형, 주민조직형의 세가지 안이었다. 협력형은 현재의 동주민센터를 그대로 둔 상태에서 주민자치회가 행정사무를 위탁받을 수 있는 권한을 위임하도록 한다는 것이다. 그리고 협력형의 주민자치회의 업무로서 첫째, 구역내의 주민화합 및 발전을 위한 사항, 둘째, 지방자치단체가 위임 또는 위탁하는 사무처리에 관한 사항, 셋째, 그밖에 관계법률이나 조례 또는 규칙으로 위임 또는 위탁한 사항이라고 하고 있다.

〈표3〉 지방행정체제개편추진위원회가 제안하는 주민자치 모델

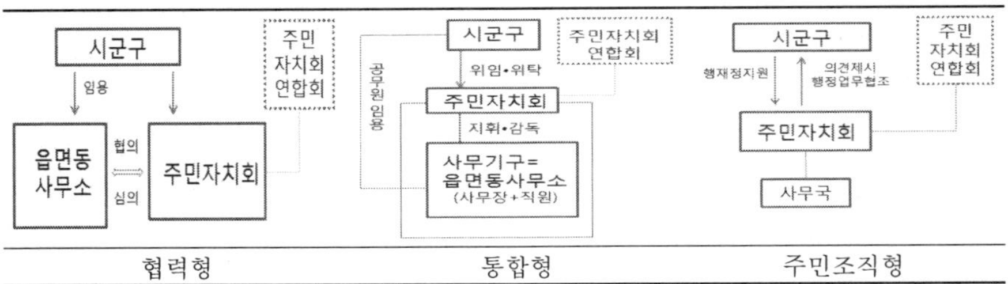

그런데 여기서 협력형은 기본적으로 단체자치국가의 지방자치방식을 취한 것으로서 주민자치회는 행정의 사무를 위임받을 주민단체로서 주민자치회를 생각하고 있는 것이다. 주민자치국가방식의 주민자치의 패러다임이 되려면, 읍면동사무소가 폐지되어야 한다.

이 점에서는 통합형도 여전히 기존의 읍면동사무소의 직원과 공무원을 그대로 둔 상태에서 이 사무기구를 지휘감독할 기구로서 주민자치회를 둔다는 점에서 단체자치국가의 패러다임에서 주민참여가 강화된 형태라고 볼 수 있다. 즉 아른스타인(Arnstein)의 주민참여 8단계설에서 주민통제형의 주민참여의 한 형태라고 할 것이다. 즉 여기서의 주민자

치회는 주민참여의 강화된 형태인 것이지 주민자치국가 패러다임의 주민자치라고 보기는 어렵다. 왜냐하면, 기존의 행정관리조직인 읍면동사무소의 공무원조직이 자치공간에 그대로 남아있기 때문이다.

한편, 주민조직형은 읍면동사무소의 공무원조직이 폐지되어있다. 그리고 주민자치회의 사무국으로서 민료의 자치집행조직이 만들어져 있고, 주민자치회는 이에 대한 의사결정기구의 역할을 하는 것으로 되어있다. 이것이야말로 영미식의 주민자치패러다임에 의한 지방자치방식이다.

여기서 주민자치회의 위원들은 당연히 주민총회를 통하여 선출되어져야 할 것이다. 즉 직접참여민주주의 방식이 채택되어야 하는 것이다. 이것은 지방자치하는 방식에 대한 패러다임이 전혀 달라지는 것이다.

요컨대, 지방행정체제개편위원회에서 제안한 세가지의 모델은 매우 이질적인 두가지의 지방자치패러다임을 혼합한 것이다. 즉 협력형과 통합형은 대륙계의 단체자치방식의 지방자치모형이고, 주민조직형은 영미계의 주민자치방식의 지방자치모형이다. 이질적인 두가지의 패러다임을 하나의 주민자치모델에 포함시켜두었기에 이론적으로는 완벽해 보이지만, 대륙계의 지방자치방식으로 법제도가 구축되어 있는 현장실무에서는 영미계의 주민자치방식을 전혀 도입할 수 없었다.

즉 이론적으로 제시하였지만, 한국적 토양에서 뿌리를 내릴 수도 없어 '길가에 뿌려진 씨앗'꼴이 되어 뿌리도 못내리고 말라버린 것이다. 현재 협력형이 뿌리를 내리고 있지만, '돌밭에 뿌려진 씨앗'처럼 행정통제적 관리방식의 저항을 받고 있어 뿌리를 제대로 내리지 못하는 형국이라고 할 것이다.

3. 주민자치제도 수입과 오류

한국의 주민자치가 제대로 뿌리를 내리지 못하고 말라버린 씨앗이 되어 버린 이유는 주민자치에 대한 개념과 철학에 대한 인식에 오류가 있었던 것이라고 본다. 주민자치를 주민참여나 주민의 자원봉사정도의 개념으로 생각한데서 첫 오류가 있었다고 할 수 있다. 즉 주민자치와 주민참여에 대한 구분이 제대로 이루어지지 않았던 것이다.

주민자치는 하나의 '다스림(governing)의 시스템'이라고 할 수 있다. 그러나 주민참여는 행정관료제에 대한 행정참여의 의미가 강하다. 그래서 Arnstein의 참여8단계설은 지방정부의 도시계획권한을 가진 행정관료제의 권한에 주민들이 어느 정도 참여하는가에 따라서 구분되어져 있다. 그래서 비참여, 형식적 참여, 실질적 참여로 구분하여 점점 주민들의 행정권한에 대한 통제의 정도를 높여가게 된다.

한국에 도입된 주민자치위원회나 주민자치회(협력형)는 행정관료제에 대한 주민들의 참여의 형태에 해당하는 것이고, 다스림의 시스템이 아니다. 이는 주민자치 개념에 대한 오해에서 발생한 것이라고 할 수 있다.

다시말해 한국에 도입된 주민자치는 주민자치라고 하는 본질을 어떻게 도입할 것인가에 대한 고민에서 출발한 것이 아니라, 행정관료제의 필요를 충족시키기 위한 부차적인 동기와 목적을 가지고 설계되었던 것이다.

그러면서도 행정관료제의 필요에 부응하는 유사한 사례를 탐색하다가 일본의 커뮤니티센터에 설치된 '주민협의회'를 발견하였고, 이것을 주민자치라고 하면서 도입하였던 것이다.

그러나 정작 일본의 주민협의회는 주민자치의 본질을 가진 주민자치회가 아니고, 주민들의 도시행정에 대한 참여의 한 형태였던 것이다. 명백한 제도수입의 오류에 해당한다.

4. 지방자치제도 재도입과 오류

다음은 지방자치에 대한 오해도 있었다고 할 수 있다. 한국에서 지방자치를 말하면서 지방분권을 지방자치라고 개념을 이해한 것이라고 할 수 있다. 지방자치는 주민이 자치권을 가지고 지역이 필요로 하는 공공서비스를 자치적으로 선택하고 결정하며, 필요한 경비를 스스로 부담하여 지역을 관리하는 것이다. 여기서 지방자치의 본질은 '자치권'을 가지고 있어야 하고, 이러한 자치권을 고유권설에 입각하든 제도적 보장설에 입각하든 지방의 주민들이 주권재민의 철학을 가지고 운영할 수 있어야 한다.

그렇지만, 지방분권은 국가가 가진 통치권의 일부를 지방이 나누어 가지도록 하는 것인데, 이것은 국가의 역할과 지방의 역할분담에 대한 명확한 기준과 철학이 있어야 한다. 만일 국가의 역할과 지방의 역할이 애매하게 되어 있어서 중첩되게 되면, 국가가 지방을 지배하는 관계가 될 위험성이 크다.

한국에 재도입된 지방자치는 1991년 이전부터 견고하게 구축된 국가-지방의 수직통제적 관계가 전제된 상태에서 지방의 단체장의 임면권한과 지방의회를 구성하는 권한을 국가가 이양한 것이다. 즉 국가권한의 일부를 지방에서 이양하는 것을 '지방자치'라고 하는 개념을 사용하는데서 지방자치제도 도입의 오류가 생긴 것이라고 할 수 있다.

다시 말해, 지방자치를 제대로 보충성의 원칙(the principle of subsidiarity)에 따라서 주민들과 가까운 근린생활정부에서부터 공공서비스의 공급에 대한 권한과 세원을 준 것이 아니라, 국가가 가진 권한과 세원의 일부를 나누어주는 식의 지방자치였다는 것이다.

이것을 다른 말로 표현하면, 대륙계의 단체자치식의 지방자치를 '한국적 지방자치'라고 본 것이다.

그래서 1991년에 지방자치를 재도입한다고 하면서, 지방이 가지고 있었던 경찰권을 국가가 회수한다든지, 지방의회를 구성하면서도 여전히 단체장은 국가가 임명하고 있었던 것을 들 수 있다.

또 지방분권이나 지방자치발전을 위한 개혁을 한다고 하면서도 '사무'수준의 이양을 15년 이상이나 하고 있는 것이다. 진정한 지방분권은 '권한'수준의 이관(devolution, empowerment)이 되어야 하는데, 이에 대한 논의는 지지부진하다. 사무이양일괄법도 몇차례 논의는 되고 있지만 여전히 제자리를 맴돌고 있다. 이웃나라 일본은 2000년을 계기로 기관위임사무제도를 폐지하고, 권한이양일괄법을 몇차례에 걸쳐서 통과시켰다(本多, 2014).

한국에서 진정한 지방분권이 이루어지기 위해서는 근린생활공간에서 주민자치나 공동체를 통한 주민참여가 활성화되어 있는 '토양'이 있고, 그 위에 단체자치로서의 지방자치가 도입되어야 하는데, '주민자치의 토양'이 없는 상태에서 지방자치를 재도입하다보니, 이것은 단체자치로서의 분권논의였던 것이다.

이것은 프랑스가 코뮨(commune)정부라고 하는 주민자치의 '토양'이 있는 상태에서 레지옹이나 데파르망에 대한 분권개혁을 한 것과 대비된다(안영훈, 2015).

또 하나의 지방자치제도의 도입오류로서는 1991년에 시군구단위로 지방의회를 도입한 것이다. 이것은 농촌지역에 해당하는 군은 그 면적이 너무 넓어서 하나의 자치단체로서 주민들이 참여하여 자치하기에는 그 구역공간이 과대하다. 1952년에 처음 도입된 한국의 지방자치는 시와 면 · 동단위에서 도입된 것이었다.

일본의 기초지방자치단체에 해당하는 시정촌은 한국의 시읍면에 해당하는 것이다. 즉 시정촌은 2000년 이후의 시정촌 통합에도 불구하고 1,700여개이다.

그러나 한국의 경우는 시군구가 230여개여서 구역의 규모가 자치를 하기에는 너무 큰 공간임을 알 수 있다.

요컨대, 주민자치에 대한 오류에다가 지방자치에 대한 오류까지 겹쳐서 한국의 주민자치는 제대로된 주민자치로 진전되고 있다고 어려운 상태이다.

Ⅳ. 주민자치이론의 한국화를 위한 제도설계의 방향과 선택

1. 주민자치이론의 한국화

주민자치이론의 한국화는 주민자치의 본질을 회복하는 방향으로 갈 것인가 아니면, 현재의 주민자치위원회나 주민자치회를 한국적 상황에 부합하게 발전시키는 방향으로 갈 것인가의 선택이다.

후자의 관점에서 선다고 하면, 이미 한국에 주민자치이론은 상당한 정도 뿌리를 내리고 있고, 2010년 이후 주민자치회 모델의 도입에 이르러서는 한단계 성숙한 경지에 이르고 있다고 할 수 있다. 즉 주민자치위원회에서는 임의단체였지만, 주민자치회에서는 법적단체가 되었고, 읍면동의 자문기구에서 읍면동의 주민자치기구로 그 형태가 발전한 것이다.

〈표4〉 주민자치회와 주민자치위원회

구분	주민자치회	주민자치위원회
근거	지방분권 및 지방행정체제개편에 관한 특별법 제27조내지 29조	시군구조례
형태	읍면동 주민자치기구	읍면동 자문기구
위촉권자	시군구청장	읍면동장
대표성	주민대표성 전문성확보	지역유지중심 대표성미약
기능	주민생활과 밀접한 관련사항협의심의 구역내의 주민화합 및 발전 지자체가 위임위탁하는 사무처리	주민자치센타운영사항 심의
재정	자체재원(수익, 위탁사업수입, 사용료등) 보조금, 기부금 등 다양	읍면동사무소지원외에 별도재원거의 없음
지자체와 관계	대등한 관계에서 파트너십구축	대부분 읍면동 주도로 운영

출처: 안전행정부(2013)

그러나 전자의 관점에 서면, 주민자치회는 주민자치로서의 본질을 여전히 제대로 구비하지 못한 것으로 보인다. 여기서 주민자치의 본질을 이해하기 위하여 자치의 개념부터 다시 생각해 본다.

자치의 개념은 자기입법과 자기통제라고 한다(西尾, 1992). 자기입법이 되기 위해서는 공동체의 법을 만들 수 있는 대의조직이나 주민총회가 있어야 한다. 자기통제를 위해서는 그 법을 집행하고 관리할 수 있는 관료제가 있어야 한다.

자치는 공간과 사람과, 자치권 그리고 정부가 있어야 한다. 이것이 자치의 4요소이다. 자치정부는 보다 광역의 공공서비스의 공급을 위하여 다른 자치정부와 연합하고, 협력할 수 있는 조직을 만들 수 있어야 한다. 그리고 국가와의 관계 속에서 역할분담을 하면서도 거버넌스를 형성할 수 있는 대등한 지위를 가지고 있어야 한다.

이 관점에 서면, 한국에 주민자치의 한국화는 요원하다고 할 수 있다. 오히려 이러한 주민자치의 본질을 가진 것으로서 아파트단지관리의 자치적 형태에서 발견할 수 있다는 것이 아이러니이다. 이것은 공동주택의 구역관리를 위한 조직으로서 도입된 것이지, 주민자치를 위하여 고안된 것이 아니었던 것이다. 그럼에도 불구하고, 상당한 정도의 주민자치의 본질에 가까운 요소들을 가지고 운영되고 있다는 것이 놀라운 사실이고, 이것은 한국에 주민자치이론의 한국화에 대한 새로운 가능성을 보여주는 것이다.

2. 한국적 토양의 이질성

영미계의 지방자치방식과 대륙계의 지방자치방식으로 대별되는 속에서 한국에는 후자의 지방자치방식이 패러다임으로 견고히 뿌리 내려 있는 것이라고 할 수 있다. 즉 대륙계의 지방자치방식의 토양에 영미계의 지방자치방식에 해당하는 주민자치에 해당하는 '주민조직형' 주민자치회는 뿌리내리기 어려운 것이 사실이다.

특히 행정법체계가 대륙계의 행정철학과 행정마인드를 가지고 있는 한국적 토양에서 영미계의 지방자치방식을 접목시키려는 시도가 현재의 행정자치부의 공무원들로부터 거부당하고 있는 것이다.

주민자치의 필요성은 인식하고 있지만, 주민자치를 도입하는 모델로서 대륙계의 단체자치적 지방자치의 철학과 마인드 속에서는 '1998년의 주민자치위원회'나 '2010년의 주민자치회시범실시의 협력형' 정도의 '형식적 주민참여'나 '하청형 주민참여'에 그칠 가능성이 높다.

그러나 한국적 토양에서 과연 대륙계의 단체자치적 지방자치방식만이 자랄 수 있는 것인가하면, 꼭 그렇지는 않은 것 같다. 그 이유는 아파트단지에 도입된 '입주자들의 자치적 관리방식'을 보면, 이미 영미형의 주민자치적 자치방식이 도입되어 있음을 알 수 있다. 즉 아파트단지에 거주하는 주민들은 동(棟)마다 주민대표를 선출하고, 이들이 모여서 '아파트입주자대표회의'라고 하는 대표조직을 만들고 있다. 그리고 여기서 아파트관리규약을 제정하고, 아파트관리비를 징수하고, 아파트관리에 관한 예산을 심의의결한다. 또 아파트관리사무소의 소장과 직원들을 채용하고, 아파트주민들의 거주문제에 대한 분쟁에 대해서 조정도 한다.

그러한 권한을 가지고 있고, 이것은 주택법에서 '법률적으로' 자치하도록 위탁되어져 있다. 주민조직형의 주민자치가 아파트단지에서는 이미 운영되고 있다. 이것은 놀라운 발견이다. 한국과 같은 '대륙계의 행정법체계'와 '대륙계의 단체자치적 지방자치'를 하는 토양에서 영미계의 주민자치적 지방자치의 형태인 '아파트단지의 주민조직형 주민자치'가 뿌리를 내리고 상당한 정도의 줄기와 열매를 맺고 있는 것이다.

어떻게 이런 놀라운 일이 가능할까? 그 비결을 살펴보면, 아파트공간에는 첫째, 공동재산을 공동관리해야 할 필요성이 있었다. 둘째, 행정관리조직이 만들어놓은 말단의 조직인 통반제도는 아파트단지를 관리할 역량이 되지 않았다. 셋째, 아파트관리비를 매달 징수한다. 넷째, 아파트관리사무소와 유급직원이 관리사무를 집행한다. 다섯째, 아파트관리의 전문성을 가진 관리소장과 전기 등의 전문기사를 채용하는 자격제가 도입되어 있다. 여섯째, 동(棟)대표의 선출은 세대의 참여에 의한 선거로 대표성을 확보하도록 한다.

이 비결들은 영미계의 주민자치방식이 아파트단지라는 공간에서 도입되도록 제도설계를 국토부와 도시계획학계 등에서 해두었다는 것이다.

이 점에서 한국의 토양이 영미계의 주민자치방식이 뿌리내리기에 이질적이라고 하면서, 대륙계의 단체자치방식에 입각한 '주민참여'방식만을 고집할 것은 아니다.

일견보기에는 한국의 행정문화와 토양이 대륙계의 행정체제라고 하지만, 실제로는 상당한 정도의 영미계의 자치체제도 수용할 수 있는 가능성을 가지고 있음을 발견하게 된다.

3. 본질을 우선할 것이냐 혹은 타협할 것이냐

자치의 본질을 우선한다고 하면, 영미계의 주민자치방식에 의한 지방자치를 근린생활공간에서 도입하는 것이다. 이 경우 근린생활공간은 도시화의 정도가 진전됨에 따라서 점점 확대되는 경향이 있지만, 현재의 읍면동 정도의 규모나 이보다 조금더 작은 규모가 해당될 것이다. 아파트단지나 이에 상응하는 정도의 공간에 주민조직형의 자치관리방식을 '한국적 주민자치'로 보고, 새롭게 주민자치에 대한 제도설계를 하는 것이다.

이 경우 기존의 읍면동단위의 공간에 도입되었던 주민자치위원회나 주민자치회의 협력형 모델은 폐기하는 것이다. 이 공간은 이미 대륙계의 단체자치적 지방자치의 말단행정조직이 견고하게 자리잡고 있어서 '주민자치의 본질에 해당하는 요소를 도입한 주민자치'는 채워지기 어렵다.

주민자치의 본질에 충실한 주민자치를 도입하기 위해서는 새로운 공간인 아파트단지나 이에 상응하는 구역(도로로 둘러싸인 일정한 공간이라든지)을 지정하고, 여기에 단지(구역)관리소와 단지주민대표회의를 설치하는 것이다. 이를 위해서 단지(구역)에 거주하는 주민들의 총회나 선거를 통한 대표자선출이 있어야 한다.

한편, 주민자치의 본질을 우선하기 보다는 이미 한국적 토양에 뿌리를 내리고 있는 주민자치위원회나 주민자치회를 점진적으로 발전시켜 나가는 방안을 생각할 수 있다. 즉 현실을 감안하여 타협하는 것이다. 이것은 현재의 대륙계의 단체자치적 지방자치방식을 그대로 견지하면서 주민참여의 방식을 활성화시키는 것으로서 주민자치를 대체하는 것이다.

여기서 최근 주목할 만한 현상 중에 하나가 마을공동체만들기가 매우 활성화되고 있다는 것이다. 이것은 주민참여의 한 방식이지 주민자치라고 하기는 어렵다. 그렇지만, 마을공동체의 씨앗이 일정한 정도 뿌려지고, 이것이 몇단계를 거치면서 성장하게 되면, 주민자치의 단계에 이를 수 있는 가능성이 있다.

서울시의 경우 마을공동체만들기 사업을 통하여 10만여명의 주민들이 참여하였고, 수천개의 마을공동체가 형성되었다고 한다. 마을공동체사업을 전개할 때는 기존의 주민자치위원회와는 거리를 두었다. 그 이유는 주민자치위원회는 관변단체의 경향이 있어서 행정관료제의 동원조직으로서 마을공동체사업을 통하여 주민자치를 하는 것에는 적합하지 않다고 본 것이다.

그러나 서울시의 마을공동체만들기 사업도 아이러니하게도 관설민영의 마을공동체지원센터를 설치하여 행정사무의 일환으로 추진된 것이다. 물론 사단법인 마을이 마을공동체지원센터의 운영을 위탁받아서 행정관리과정의 내부에 들어와서 추진되었다는 점에서 주민단체의 '행정의사결정과정에 대한 참여'의 성격이 강하다. 그러나 이것을 주민자치라고 하기는 어렵다.

그러나 마을공동체가 활성화되면 이것은 주민자치의 형성에 영향을 주게 되고, 마을공동체가 지방자치단체의 행정관리과정에 참여하게 됨으로써 주민자치의 잠재력을 강화시켜 줄 것은 분명하다. 이것이 바로 풀뿌리 민주주의의 가능성을 높여주는 것이다.

V. 결론: 주민자치의 한계와 전망

한국에서 주민자치라는 용어를 사용하고 있는 주민자치위원회나 주민자치회의 시범실시를 보면, 과연 이것을 주민자치다운 본질에 부합하는가에 대한 의문을 갖게 된다. 그래서 더욱 더 주민자치란 과연 무엇이고, 주민자치의 본질이 무엇일까를 생각하게 된다. 여기서 주민자치는 주민과 자치의 결합어이므로 자치란 과연 무엇이었는가에 비추어서 한국의 주민자치를 평가하게 되는 것이다.

자치의 본질에 비추어서 보면, 주민자치위원회나 주민자치회는 주민자치라고 하기 어렵다. 본 고에서도 지적하였듯이 행정참여의 일환이고, 주민참여의 한 형태에 불과하다. 그리고 주민자치가 이렇게 왜곡된 것은 한국에 재도입된 1991년의 지방자치에서부터 오류가 있었다고 할 수 있다.

즉 1991년의 지방자치는 대륙형의 단체자치형 지방자치를 염두에 두고서, 국가로부터 지방으로 '분권'한 것이지 진정한 지방자치라고 하기는 어려운 측면이 강하다. 강력한 중앙집권적인 지방행정체계속에서 단체장과 지방의원의 '선거'를 도입한 것이고, 지방공무원의 관료제는 여전히 '중앙집권적 지방행정관리의 패러다임'을 유지하고 있었던 것이다.

이것을 제도적으로 현실화하기 위하여 지방자치단체의 기관구성을 대립형(분리형)을 채택하였고, 광역지방자치단체와 기초지방자치단체를 동시에 분권함으로써 사무의 중복성과 책임의 모호함이 생기게 되는 구조를 가지고 있게 했다. 이것은 국가의 권한과 지위를 우월적으로 유지하게 되는 배경이 되었다.

강단체장-약의회의 구조도 국가의 권한을 강화하는 통로가 되었다. 국가권한이 강화되면 될수록 주민들의 행정에 대한 관심이나 참여는 약해지게 된다.

그렇지만, 주권재민과 민주주의의 풀뿌리로서의 지방자치를 생각하면, 주민자치를 도입해야 할 의무감에서 1998년에 주민자치위원회와

2010년에 주민자치회 모형을 도입하였던 것이다. 그러나 이것은 주민자치에 대한 개념과 대상에서 오류를 가졌던 것이어서 한국의 주민자치가 왜곡되게 되었다.

2차례에 걸친 왜곡된 주민자치로서는 한국에 주민자치가 제대로 뿌리 내리고 열매맺기가 어렵다고 할 수 있다.

그렇다고하면, 한국에 주민자치의 본질에 부합하는 주민자치를 제대로 뿌리 내리기 위해서는 새로운 부대(공간)에 새로운 포도주(주민자치본질을 가진 제도)를 넣어야 할 것이다. 이것은 현재의 동주민센터를 폐지하여 '주민조직형의 주민자치회'를 도입한다면 가능성은 있다.

그러나 협력형이나 통합형의 제도로서는 헌 부대에 새로운 포도주를 넣으려는 것에 불과하다.

그렇다고 하면, 한국에 주민자치제도가 새롭게 거듭나기가 어려운 것인가? 그렇지 않다고 본다. 아파트단지에 도입된 주민조직형의 주민자치형태인 '아파트입주자대표회의'는 새로운 주민자치의 가능성을 이미 보여주고 있다.

주민자치에 대한 활성화를 책임져야 할 행정자치부의 입장에서는 애매모호한 현재의 주민자치위원회나 주민자치회의 모형을 중단하고, 오히려 아파트단지에 활성화되고 있는 입주자대표회의가 '주민조직형의 주민자치'로서 지방자치법상의 위상과 권한을 가지도록 하는 것을 제안하고 싶다. 한국에 주민자치이론을 뿌리내리는 첩경이라고 본다.

참고문헌

김찬동. (2015). 주민자치의 이해. 충남대학교출판문화원
김찬동. (2014a). 통반장과 주민자치위원회 제도의 혁신방안. 서울연구원
김찬동. (2014b). 주민자치의 제도설계: 일본의 주민자치회와 주민자치센터를 사례로. 한국지방자치학회보제26권제1호.
안영훈. (2015). 프랑스 사례를 통한 지방분권개혁과정 및 전략에 관한 연구. 해외선진사례를 통한 서울시의 지방분권추진방향(2015 제5차 지방분권포럼). 한국지방자치학회

本多. (2014). 地方分權改革. 自治體硏究社
西尾勝. (1992). 行政學基礎槪念. 東京大學出版會

주민자치센터의 비판적 고찰

I. 문제제기

지방의회의 역사를 더듬어 보면, 한국은 지방자치를 도입하지 않으려는 권력자의 의지를 강하게 느낄 수 있다. 제헌헌법에는 97조에 지방자치단체는 각각 의회를 두고 의회의 권한과 의원의 선거는 법률로 정한다라는 규정을 두면서 민주주의를 위해서는 지방의회를 설치한다는 헌법적 정신을 표명하였다. 그리고 지방자치법이 1949년 3월에 국회의 본회의를 통과하여 의결되었다.

그러나, 정부에서는 국내외의 정세나 치안정세가 전면선거를 실시하기에는 어렵기에 법의 이행시기를 공포 후로 규정된 것을 '대통령령으로 위임하여 줄 것'을 요구하면서 법률안에 대한 재의요구를 하였다.

이때 국회에서는 대통령령으로 위임하는 정부수정안과 김수선안(공포 후 90일 경과후 시행)이 서로 대립하면서 김수선의원수정안이 가결되었다. 그리고 정부로 1949년 4월 15일에 이송되었다.

그럼에도 불구하고 정부는 재의요구안에 대한 가결은 2/3출석에 2/3의 특별다수를 요한다는 이유로 국회의 반송의결은 무효라고 하여 폐기하였던 것이다. 지방자치의 첫발부터 국회와 대통령의 행정부는 서로 갈등에 갈등을 거듭하고 있었다.

또 지방자치단체의 정부구성방식을 둘러싸고도 국회와 행정부는 갈등을 일으켰다. 남궁현수정안은 도지사와 서울특별시장은 각각 그 지방의회에서 선출하고, 시읍면장은 그 지방주민이 직접 선거한다고 하는 것에 대해서, 조한백수정안은 도지사와 서울특별시장은 대통령이 임명하고, 시읍면장은 지방의회에서 선거한다고 하는 것으로 대립하다가, 후자인 조한백수정안이 통과되었다.

이것은 지방자치단체에 대한 대통령의 중앙집권적 통제력을 강화하는 방안이었다. 남궁현수정안의 경우는 서울특별시와 도의 경우 '기관통합형'의 지방정부구성방식을 의미하는 것이고, 이것은 지방의회의 권한과 지위를 높여주는 방안이었다. 그렇지만, 조한백수정안은 지방의회의 권한을 축소하고, 오히려 상위정부인 대통령의 임명직으로 함으로서 대통령의 권한을 더욱 강화하는 방안이었던 것이다.

한국의 지방자치는 첫 출발부터 지방의회의 권한을 취약하게 하였고, 오히려 상위정부의 장인 대통령의 권한강화를 위한 수단으로서 지방자치제도가 왜곡되고 있었던 것이다.

왜 그러면, 이렇게 주민자치를 이야기하려고 하면서 지방자치의 역사를 이야기하는가? 그것은 주민자치제도가 이렇게 왜곡되고 유사(pseudo)자치로 형해화되어버린 원인과 뿌리를 찾다가 보니, 한국의 건국초기의 역사적 과정에서 이미 그 원형(protokol)을 발견할 수 있었기 때문이다.

한국의 주민자치센터의 발족도 주민자치를 진정으로 실시하려고 제도설계된 것이 아니었던 것이다. 1998년 한국은 IMF로 인하여 경제가 위기에 직면하였고, 민간경제는 물론 공공영역의 감축과 개혁을 하지 않을 수 없었다. 허리를 졸라매는 긴축과 뼈를 깍는 감축을 해야 하는 상황에서 공공부문의 개혁을 추진하기 위해 읍면동의 공무원의 수를 축소하는 개혁을 하게 된 것이었다. 그래서 읍면동 사무소의 공무원의 수를 약 50%이상 축소하였고 이로 인해 읍면동 사무소의 공간도 50%는 유휴공간이 되게 된 것이었다. 이에 아이디어를 낸 것이 주민자치를 위한 공간으로 내어주고, 이 공간을 주민들이 참여하여 주민자치를 하도록 하자는 것이었고, 이에 주민자치센터를 설치하고 주민자치센터의 운영을 담당하는 주민대표로서 주민자치위원회를 두도록 한 것이다.

본 고에서는 이 때 설치된 주민자치센터가 왜 주민자치가 아닌가에 대한 것을 살펴보면서, 주민자치센터에 대한 비판적 고찰을 시도해 보려고 한다.

II. 주민자치와 주민자치센터의 비교적 고찰

1. 주민자치의 본질

주민자치(residents self-governance)는 스스로 다스린다는 것으로서 주민자치정부(residents self-government)의 개념이 발전한 것으로 볼 수 있다. 주민이 스스로 정부를 형성할 수 있어야 이것이 주민자치라는 것이다. 자치의 개념을 일본의 니시오(西尾) 교수는 '자기입법과 자기통제'라고 하는 개념으로 정리하고 있다. 여기서 두가지의 개념요소를 보면, 첫째, 자기입법이란 법을 만들어서 지역공동체를 규율한다는 것을 전제하면서 그 법을 스스로 만들 수 있어야 한다는 것이다. 법을 스스로 만들기 위해서는 주민들이 자신의 대표를 보내거나 직접 주민총회를 통하여 공동체를 규율할 수 있는 법을 만든다는 의미가 들어 있는 것이다.

둘째, 자기통제란 만들어진 법을 공동체의 구성원들에게 집행하기 위해서는 집행조직이 필요하고 그 조직을 유지하고 공공재를 공급하기 위한 세원을 구성원으로부터 징수할 수 있는 강제력을 가진다는 의미가 들어 있다. 그 강제력을 위하여 자치경찰이 필요한 것이고, 다음세대를 길러내기 위하여 자치교육이 필요한 것이다.

다시 말해 주민자치는 주민들이 근린생활정부를 형성할 수 있는 능력을 의미하는 것이다.

주민자치에 대한 원형을 우리는 그리스 아테네의 민회에서 발견한다. 민회를 위해서 아고라(agora)라고 하는 광장에서 매일 추첨으로 6,000명의 대표들이 모여 연 40회의 회의를 통하여 주요한 공공의제들을 토론하고 의사결정하였다고 한 것이다. 여기서 다룬 내용들은 공공질서유지, 재정, 과세, 외교, 도편추방 등이었고 이를 다수결로 결정하였다는 것이다.

또 이 민회를 위하여 사전에 의제를 선정하기 위하여 500인 평의회가 구성되어 민회의 의안을 준비하였고, 정부관리활동에 대한 감독과 조정을 하였으며 행정관에 대한 탄핵도 하였다는 것이다. 그리고 의장은 매일 추첨으로 선출하였다는 것이다(이승종 외, 2015:26-27). 권력의 집중을 막기 위한 처절한 제도적 장치를 2,500년전에 가지고 있었다는 것이 놀라울 따름이다.

50인위원회는 500인평의회의 상임집행위원회와 같은 조직이었고, 주로 회의를 주관하였다.

시민법정도 있어서 6,000인의 시민단에서 배심원후보를 재판당일에 추첨으로 선출하였다고 한다. 일반사건은 201인, 보통재판은 501인, 중요사건은 1,501인이 선출되어 정기적으로 행정관의 불법 비리에 대해서 제소하고 재판하였다고 한다. 당시 그리스 아테네의 인구규모는 1만명 내외로서 성별에 의하여 도시부와 전원부로 구분되어 있었다고 한다(김혜천 외, 2011:36).

여기서 인구규모를 말하는 이유는 현재 읍면동의 인구규모인 1-2만 정도는 고대도시에서 도시국가의 규모에 해당하는 것을 밝히기 위함이다. 다시 말해, 한국의 주민자치센터가 그 구역으로 설정하고 있는 읍면동의 규모는 주민자치를 제대로 할 수 있는 정도의 인구규모일 수 있다는 점이다. 즉 주민들이 주민총회를 구성할 수 있는 '제도적 장치를 설계'하여 채택할 수 있는 규모란 점이다. 다시 말해 주민자치를 제대로 하려고 하는 '의지'가 있다고 하면 주민자치를 할 수 있을텐데, 현재의 집권그룹들이 주민자치를 하려고 하는 의지가 없기 때문이 아닐까 하는 의구심을 가지게 되는 것이다.

2. 주민자치답기 위한 최소한 요건

주민자치가 주민자치답기 위해서는 주민에 의하여, 주민을 위하여, 주민에 의하여 다스려져야 할 것이다. 이것은 링컨이 말한 민주주의는 시민의, 시민에 의한, 시민을 위한 정부(government of the people, by the people, for the people)가 되어야 한다는 말과 일치하는 것이다.

지역공동체의 생활양식이 바로 주민자치이며, 사회생활의 원리가 주민자치인 것이다. 주민이 지역공동체의 주인이 되어야 민주주의라고 할 수 있는 것이다. 즉 지역공동체에서 주민이 자치적 근린정부를 구성할 수 있어야 그것이 민주주의인 것이다.

이러한 민주적 가치가 작동하지 않는 공간구역(district of life space)은 관료적 통제가 작동하기 쉽고, 대의제에 의한 엘리트주의적 통치가 작동하기 쉽다. 따라서 민주적 가치가 제대로 작동하는 공간구역을 만들기 위해서는 그 공간구역의 주민들이 직접 참여하는 직접 민주제의 제도적 장치가 작동하도록 공간구역에 대한 '자치제도설계'가 도입되어야 하는 것이다.

자치제도설계라 함은 바로 공간구역의 주민들이 참여하는 근린정부를 구성하도록 제도적 장치가 도입되어야 하는 것이다. 근린정부는 주민들의 가까운 생활공간을 다스리는 정부를 주민들이 주인이 되어야 한다는 것이고, 그 근린생활정부를 바로 그 구성원인 주민들에 의하여 구성되어야 하고, 그 근린생활정부는 그 주민들을 위하여 작동되어야 한다는 것이다.

자치다운 근린정부가 되기 위해서는 첫 번째가 근린생활공간의 주권이 주민에게 있어야 하고, 두 번째가 근린생활정부에 주민들이 참여

(participation)하는 것이어야 하고, 세 번째가 주민들의 행복을 위하여 근린생활 공공서비스를 공급하여야 한다는 것이다.

근린생활공간이 인치(人治)가 되지 않기 위해서는 근린생활공간의 주민들을 스스로 규율하는 법이 있어야 하고, 이 법을 만드는 것도 주민들이 총회에서 해야 하며, 이 법을 스스로에게 강제하기 위한 강제력을 가진 집행조직을 구성하여야 한다. 또, 이 집행조직의 운영과 유지를 위하여 세금을 주민들로부터 징수하여야 하는 것이다. 그리고 이러한 주민총회를 운영하기 위한 상임집행위원회로서 주민자치위원회가 있어야 한다.

다시 말해 주민자치위원회는 주민총회에서 논의할 의제를 준비하고, 주민총회의 회의를 주관하는 조직이어야 할 것이다. 한국의 주민자치위원회가 주민자치답지 못하게 만드는 원인 중에 하나는 주민총회의 존재없는 주민자치위원회만의 조직이 되어 버린 것에 있다. 즉 주민자치답게 만드는 주민자치위원회가 아니라, 주민자치단체의 행정관리조직의 자문형 주민참여기능을 수행하는데 불과한 주민자치위원회여서 이로 인해 한국의 주민자치는 형해화되고, 유사(pseudo) 자치화되는 주범이 되고 있는 것이다.

현재의 주민자치위원회는 읍면동의 주민들을 규율할 수 있는 규정을 만들 수 있는 조직도 아니고, 주민들로부터 자치관리비를 거둘 수 있는 권능을 가지고 있는 것도 아니다. 단지 주민들이 참여해서 행정관리의 집행과정을 보조하는 기능에 불과한 지위와 역할을 하고 있을 뿐이다. 주민자치답지 못하고, 주민자치란 개념을 부끄럽게 할 정도의 실상을 보여주고 있다. 여기에는 주민자치란 단어를 쓸 것이 아니다. '주민참여모임'에 불과한 것이 현재의 한국의 주민자치위원회가 아닌가 한다. 비판적으로 고찰하면 그렇다는 것이다.

3. 주민자치센터란 무엇이었던가?

주민자치위원회는 1998년 읍면동 행정기능전환의 부산물로서 생긴 것이다(김찬동, 2014:25).

당시 정부는 읍면동 사무소를 폐지하고 주민자치센터를 설치하려고 한 것이었다. 그러나 개혁과정에서 읍면동사무소의 폐지는 행정인력감축이 수반되어서 읍면동의 기능을 축소하는 선에서 봉합되었다. 즉 읍면동사무소의 존치와 일부업무의 시군구로의 이관, 유휴공간에 주민자치센터의 설치가 세트로 진행된 것이다.

그리고 당시 주민자치를 제도설계하면서 기본적인 철학은 주민들이 스스로 다스리는 것이니, 법률적인 권한이나 위상을 부여하지 않는 임의조직으로 한다는 것이었고, 이러한 생각은 지방자치법에 '법적 근거'를 공식적으로 두지 않는 것으로 나타났다. 즉 주민자치센터를 설치하는 근거규정은 지방자치법 8조에 두었지만, 주민자치위원회의 구성이나 기능은 행정자치부의 조례예규에 언급하는 것에 그쳤다.

다시 말해, 주민자치위원회는 법적 위상을 가진 조직이 아니다. 따라서 주민자치위원회를 위하여 법적 권한을 이관하기도 불가하고, 예산사용에 대한 책임을 질 수 있는 조직도 아니다. 어디까지나 읍면동사무소의 읍면동장에게 주어진 법적 권한의 통제를 받는 조직에 불과하고 주민자치위원회가 관리하는 예산에 대한 책임은 읍면동의 담당공무원이 져야 하는 것이다. 주민자치위원회는 주민자치센터의 공간운영을 위하여 일부 주민들이 행정집행과정에 참여하는 모임에 불과한 것이다.

주민자치센터 설치 및 운영조례에는 주민자치센터의 기능과 시설, 프로그램, 주민자치위원회의 기능구성 등에 대한 조항을 두고 있다(전게서, 26). 즉 주민자치위원회는 주민자치센터의 운영에 관한 사항을 심의하는 것이고, '읍면동에 대한' '주민자치'를 위한 종합적이며 대표성있는 법적 권한을 가지고 있지 못하다.

그러면 어떻게 이러한 주민자치센터가 구상되었는가? 1998년에 주민자치센터를 설치할 때 일본의 커뮤니티센터를 모델로 한 것이었고, 이것은 주민자치와는 거리가 있는 개념이었다. 오히려 도시정부와 주민자치회를 매개하는 시설로서 설치되었던 것이고, 주로 시민들의 회합의 장소와 레크리에이션을 위한 시설공간으로서 도시정부가 설치한 것이었다. 그런데 이러한 도시정부의 시설에 공무원을 배치하여 관리하기 보다는 주민들이 참여하여서 주민들로 하여금 자치적으로 관리할 수 있도록 참여하는 개념으로서 커뮤니티 센터의 주민협의회를 만들도록 한 것이었다.

다시 말해, 한국의 주민자치위원회가 주민자치센터를 관리하는 것을 '주민자치'라고 말하는 것은 어불성설이란 것이다. 일본의 주민자치를 벤치마킹하려고 하였다고 하면, 정내회 혹은 자치회(jichi-gai)라고 하는 주민자치회를 벤치마킹하였어야 하는 것이고, 커뮤니티센터와 주민협의회를 벤치마킹하면서 주민자치를 한국에 도입하였다고 주장할 것은 아니라는 점이다. 바로 이러한 오해로 인하여 한국의 주민자치는 전혀 주민자치답지 않은 국적불명의 제도가 되어 버린 것이다.

즉시 주민자치센터의 주민자치란 단어를 삭제하는 것이 필요하고, 커뮤니티 센터라고 명칭하는 것이 타당하다. 즉 현재의 주민자치센터는 주민자치를 하는 중심적 공간(center)이 아닌 것이다. 그럼에도 불구하고 주민자치의 센터라고 명명해선 안된다. 오히려 세종특별자치시에서 '복합커뮤니티센터'라고 명명하고 있는 것이 진실에 가까운 것이다.

그런 의미에서 한국에 주민자치를 과연 어떻게 도입하여야 하는가는 이제부터 새롭게 시작해야 할 과제이다. 다음 절에서는 과연 그렇다면 어떻게 해서 주민자치위원회가 '가짜 자치' 혹은 '유사(pseudo)자치' '비정상 주민자치'가 되어 버린 것일까? 그 원인을 몇가지 분석해 보자.

III. 유사(pseudo) 자치로서의 주민자치위원회의 원인분석

1. 지방자치의 행정관리기관으로서의 읍면동

지방자치법에서 지방자치단체로서 인정하고 있는 것은 두가지 종류이다(지방자치법 제2조). 즉 특별시, 광역시, 도, 특별자치도가 한가지 종류이고, 시군구가 또 다른 하나의 종류이다. 지방자치단체는 법인으로 하고, 특별시와 광역시, 도, 특별자치도는 정부의 직할로 한다고 하고 있다. 시는 도의 관할구역안에, 군은 광역시나 도의 관할 구역안에 두고, 자치구는 특별시와 광역시의 관할 구역안에 둔다고 한다(제3조).

그리고 특별시 또는 광역시가 아닌 인구 50만 이상의 시에는 자치구 아닌 구를 둘 수 있고, 군에는 읍면을 두고, 시와 구(자치구포함)에는 동을,

읍면에는 리를 두도록 하고 있다. 또 시 중에서 도시의 형태를 갖춘 지역에는 동을 그밖에 도시의 형태를 갖추지 못한 지역에는 읍면을 두고, 자치구가 아닌 구에 둘 경우에는 그 구에 읍면동을 둘 수 있다고 하고 있다.

여기서 주민자치와 관련하여 주목할 것은 읍면동은 지방자치법이 규율하고 있는 지방자치단체가 아니라는 점이다. 읍면동은 시군구의 행정관리를 위한 하부기관에 불과하다.

지방자치법의 목적이 국가와 지방자치단체 사이의 기본적인 관계를 정하고, 이로써 지방자치행정의 '민주적'이고 능률적으로 수행하며, 지방을 균형있게 발전시켜서, 한국을 민주적으로 발전시키려고 하는 것이라고 하고 있다(제1조).

그럼에도 불구하고 읍면동계층을 자치계층으로 하지 않고, 행정기관으로 두고 있다는 것은 지방자치법이 한국을 민주적으로 발전시키려는 '의지'를 가지고 있는가에 대한 의문을 갖게 한다.

참고로 한국과 일본의 기초자치계층에 대한 비교를 통하여 한국의 지방자치단체의 계층체계에서 얼마나 비민주적인가를 고찰해 보자. 일본의 지방정부의 계층체계를 보면, 우리와 유사한 2층계층을 하고 있는 것으로 보이나, 기초단위의 지방자치단체에 정촌(町村)이 있는 것을 보면, 일본은 기초지방자치단위로서 근린공동체레벨에서 지방자치를 실시하고 있는 것을 알 수 있다. 반면 한국의 경우에는 동일하게 2층제의 지방자치를 한다고는 하지만, 근린공동체에 해당하는 읍면에 대해서는 지방자치를 도입하지 않고, 그것보다 상위의 공간구역에 해당하는 군(郡)에 기초지방자치를 실시하는 단위로 하고 있다는 것을 알 수 있다. 이는 주민들이 스스로 자신이 살고 있는 근린생활구역에 민주적인 자치를 할 수 없도록 하고 있는 것이다. 결과적으로 주민자치를 해야 할 공간구역에 '행정관리단위'로서의 읍면동이 들어가 있는 셈이다.

즉 한국에서 읍면동은 행정관리단위이고 주민이 자치할 수 있는 단위가 아니다. 반면 일본은 정촌의 경우 주민자치단체를 구성하고, 지방의회 혹은 주민총회를 둘 수 있는 지방자치의 단위가 되고 있다는 점이다.

〈표1〉 일본의 지방정부의 계층

	국 가			
광역정부	도(동경도)	도(홋가이도)	부현	
기초정부	시정촌, 특별구	시정촌	정령지정시	시정촌
행정구 (지방정부아님)			구	

출처: 김병준(2011:190)

〈표2〉 한국의 지방정부계층

	국 가						
광역정부	특별시 (1)	광역시 (6)		도 (8)		특별자치도 (1)	특별자치시 (1)
기초정부	자치구 (25)	자치구 (44)	군 (5)	시 (73)	군 (81)		
행정기관 단위	동(424)	동(677)	읍(10), 면(36)	행정구(26) 읍(82) 면(450) 동(926)	읍(115) 면(711)	행정시 (2) 읍(7), 면(5), 동(31)	읍(1), 면(9), 동(4)

출처: 김병준(2011:195)을 참조하면서 필자첨가

이 점에서 한국과 일본의 기초지방자치를 단순하게 비교하는 것은 매우 어색한 결과를 초래하게 된다. 다시말해 일본의 정촌단위에서 주민참여를 통한 지역발전성공사례를 소개하면서, 한국도 주민참여를 활성화해야 한다고 주장하는 경우(유상오, 2006), 이것은 오해를 불러일으킨다.

일본의 정촌에서 촌장이 리더십을 발휘하여 밭농사위주였던 마을에 매실과 밤을 특화작물로서 재배하여 인구유출문제를 해결하고 오히려 주민들이 모여들고 소득증대를 해낸 사례로서 소개하고 있는데, 이것은 일본의 정촌이 '지방자치단체'로서 지방정부를 구성하고 있는 단위임을 잊은 것에서 비롯된 오해이다.

한국의 지방자치법이 상정하는 지방행정을 민주적으로 하기를 진정으로 원하는 의지가 있다고 한다면, 읍면은 지방자치단위로 하고, 시와 동격의 지방자치단체로 하여야 할 것이다. 도시는 무엇보다도 자치권을 가진 공간구역의 대명사라고 할 것이다. 이 점에서 도시는 그 자체로서 하나의 자치권을 가진 공간단위가 되는 것이고, 농촌의 읍면의 경우가 주민들의 자치를 위한 적절한 공간규모의 단위가 되는 것이다.

읍은 도시의 형태를 갖추고 인구 2만 이상이 되는 지역으로서(지방자치법제7조3항), 군사무소의 소재지가 되기도 하는 것이다. 그럼에도 불구하고 인구 2만이나 되는 공간구역에 자치권을 부여하여 지방자치단체를 구성하지 않고 있다는 것은 군의 행정관리단위로만 생각하고, 민주적으로 지방자치를 하려는 의지를 갖고 있지 않은 것이다.

다시 말해, 읍면을 여전히 행정관리단위로 두고, 지방자치를 실시하고 있지 않다는 것은 자치의 적정한 글로벌한 표준에서 벗어난 어색한 것이다.

2. 읍면동장의 심의자문기관으로서의 주민자치위원회와 한계

읍면동장은 지방자치단체의 하부행정기관에 불과하다. 지방자치법 제117조에 의하면 하부행정기관의 장으로서 자치구가 아닌 구에는 구청장, 읍에 읍장, 면에 면장, 동에 동장을 둔다고 하고 있다.

또 하부행정기관의 장의 임명은 자치구가 아닌 구의 구청장은 일반직 지방공무원으로 하고, 시장이 임명하는 것으로 하고 있다. 또 읍장, 면장, 동장은 일반직 지방공무원으로 하고, 시장, 군수, 자치구의 구청장이 임명한다고 하고 있다.

읍면동장의 권한에 관한 부분을 보면, 하부행정기관으로서 자치구가 아닌 구의 구청장, 읍면장은 시군구청장의 지휘 감독을 받아서 소관의 국가사무와 지방자치단체의 사무를 맡아서 처리하고, 소속직원을 지휘 감독하는 권한을 부여하고 있다.

다시 말해, 읍면동장은 행정관리단위로서 상위정부의 사무를 처리하고, 소속직원을 지휘감독하는 '관치(官治)적 관리자'이고, 주민들의 '자치적 관리자'가 아니다.

지방자치법이 상정하고 있는 지방자치단체는 시도와 시군자치구만이기 때문에(지방자치법10조) 시군자치구 규모의 주민들의 편의와 복리증진을 위한 노력을 하는 것에 불과하고, 읍면동 규모의 주민들의 편의와 복지증진은 몰입적으로 노력할 개연성이 적다고 비판적으로 고찰할 수 있다.

즉 지방자치단체의 종류별 사무배분기준을 보면, 지방자치단체의 사무를 보면, 주민의 복지증진에 관한 사무, 농림상공업 등 산업진흥에 관한 사무, 지역개발과 주민의 생활환경시설의 설치관리에 관한 사무, 교육체육문화예술의 진흥에 관한 사무, 지역민방위 및 소방에 관한 사무, 구역조직 및 행정관리등에 관한 사무 등 6가지 영역에 이르고 있다(지방자치법 제9조).

그러면서 제10조 시군자치구의 사무를 보면, '시도에서 처리하는 것으로 되어 있는 사무를 제외한 사무'라고 규정함으로써 광역자치단체에 해당하는 시도에서 처리하기로 한 사무가 있다면 이것을 우선한다는 규정이다. 이것은 보충성의 원칙(the principle of sudsidiarity)을 정면으로 반하는 규정이다.

즉 보충성의 원칙이란 주민들과 가까운 자치정부에서 우선적으로 자치사무를 처리할 수 있도록 한다는 원칙이다. 이것은 보조성의 원리라고도 하는 것으로서 집단의 횡포로부터 개인을 보호하고, 상위집단의 전횡으로부터 하위집단을 존중하고 보호하기 위한 것이다. 즉 개인의 창의와 노력으로 완수 할 수 있는 것을 개인으로부터 빼앗아서 사회에 맡길 수 없다는 확보부동한 사회철학의 원리이다(전상직, 2016:7).

즉 한층 더 작은 하위조직의 조직체가 수행할 수 있는 기능과 역할을 더 큰 상위의 집단으로 옮기는 것은 불의이고 해악이며 올바른 질서를 교란시키는 것이란 것이다. 보조성의 원리가 무시되면, 개인의 자유와 자기결정권과 창의성이 제약되거나 훼손된다. 이것은 결국 인간의 존엄성의 훼손으로 이어진다고 할 수 있다(전게서).

이처럼 한국의 현행 지방자치법은 지방자치라고 하는 질서를 교란하고 있는 법이고, 개인의 창의와 자유, 자기결정권을 침해하고 있는 법이라고 비판적으로 말할 수 있다. 현행 지방자치법은 자치의 본질과 철학에 부합하도록 즉시 개정되어야 할 것이다.

하물며, 시군자치구에 대한 보조성의 원리가 적용되지 않는 상황에서 시군자치구의 행정관리기관에 불과한 읍면동장의 권한에 해당하는 주민자치센터의 설치 및 운영조례에 비로서 주민자치위원회가 등장한다[15]. 지방자치법상에는 주민자치란 단어는 물론 주민자치센터란 단어도 나타나지 않는다. 즉 한국의 지방자치법에서는 주민자치란 것을 전혀 상정하고 있지 않는 법으로서 주민자치없는 단체자치만을 지방자치라고 생각하고 있는 악법(자치적인 관점에서 비판적으로 고찰하면)에 해당하는 것이다.

주민자치센터에서 운영하는 주민자치, 지역복지, 국민편의, 사회진흥기능의 자치프로그램이나 문화여가 시민교육기능의 강좌프로그램을 운영하는 권한은 동장이 가지고 있다. 동장은 주민자치위원회의 심의를 거쳐서 결정하고, 위원회가 수행하도록 이를 지원하는 역할을 하도록 시행규칙은 규정하고 있다(강릉시 주민자치센터 설치 및 운영조례 시행규칙제 9조).

요컨대, 주민자치위원회는 동장의 심의기관에 불과하고 의결기관도 아니다. 읍면동의 자치프로그램이나 강좌프로그램을 주민자치위원회가 '자치적'으로 처리할 수 있는 법적 규정이 없다. 한국에 주민자치는 읍면동 공간구역에서는 '없다'. 한국에서 주민자치는 시군구 공간구역에서만 '있고', 주민들이 시군구의 대의기관으로서의 의회에 '참여'하거나 시군구의 집행기관으로서의 행정과정에 '참여'하는 것은 매우 어렵다. 읍면동장의 식민통치를 뚫고 나가서 시군구의 '주민자치'에 '참여'하기란 하늘에 별따기와 같이 지난한 과정을 거쳐야 하는 것이다.

결과적으로 한국에서 읍면동단위에서 '주민자치다운 주민자치'는 '법

15 강릉시 주민자치센터 설치 및 운영조례 시행규칙 24조에서 25조 참조

적'으로 없다.

3. 유사(pseudo)자치에 불과하였던 주민자치위원회

주민자치위원회가 주민자치답기 위해서는 주민들로부터 대표성을 확보하여야 한다. 주민총회에서 선출되어지든가, 주민의 투표로 읍면동의 근린생활의회를 구성하여야 한다. 그러나 현재의 주민자치위원회는 그 어떤 요건도 구비하지 않고 있다.

현재의 주민자치위원회는 읍면동장이 임명한다. 주민자치위원회의 선정은 선정위원회가 하도록 규정하고 있다(전게 규칙 25조). 그런데, 이 선정위원회란 것이 읍면동장을 포함하여 각계각층의 지역사회의 지도자 등 주민을 '대표'할 수 있는 사람으로 5-10인이라는 것이다. 여기서 대표란 어떻게 선발되는가가 매우 애매하고, 그 정당성을 확보할 수 있는 제도적 장치를 가지고 있지 않음이 분명하다.

그렇다고 하면, 이렇게 선정된 주민자치위원회는 주민의 대표도 아닐 뿐만 아니라, 주민총회로부터 권한을 위탁받은 것도 아니다. 그렇다고 일본의 정촌처럼 근린생활단위에서 지방자치단체로서 법제도적으로 보장된 것도 아니다. 결과적으로 주민자치위원회는 읍면동의 주민 2만여명에 의하여 구성된 것도 아니고, 주민들의 것도 아니며, 과연 주민들을 위하여 일할 조직인가가 불명하다.

따라서 한국의 지방자치법이 진정으로 한국을 '민주적'으로 발전시키려고 한다고 하면, 3권분립과 함께 지방자치를 자치답게 구현할 수 있는 제도적 설계를 하여야 할 것이다. 그렇다고 하면, 근린생활단위에 해당하는 읍면(혹은 그 이하인 리)과 동단위는 '주민자치를 통한 지방자치'를 구현할 수 있도록 제도설계되어야 한다. 읍면동단위에 대의기관으로서의 지방의회를 제도적으로 만들어 주지 못한다고 한다면, 최소한 주민자치를 할 수 있는 제도적 장치를 모색해야 하는 것이다. 그것은 주민총회를 통하여 읍면동의 운영위원회에 해당하는 상임집행위원회를 조직하는 것이다. 그리고 주민총회는 이러한 상임집행위원회에 반드시 주민총회를 거쳐야 하는 자치세율결정이나 정관개정, 근린생활공간의 공공재산처분 등의 사항이외의 것은 위임위탁할 수 있는 것이다.

이것은 군에 대한 자치계층을 폐지하고, 읍면에 대한 자치계층을 도입하는 것으로 가능하고, 이렇게 하면 2개의 자치계층을 유지하는 것이 가능하다. 읍면에 대한 지방의회의 구성은 이미 제1,2,3대 지방의회의 시기(1952-1961)에 실시되었고 경험한 바 있다. 이 때는 읍면에 지방의회를 설치하였고, 주민들이 직접 지방의원을 읍면지역에서 선출하였던 것이다.

그러던 것이 지방의회의 정지기에 해당하는 1961년에서 1991년까지 30년간 지방의회 자체가 폐지되었고, 1991년 지방의회를 새롭게 부활시킬 때도 읍면은 지방의회의 구성을 배제하였던 것이다.

결과적으로, 현재의 지방자치법은 지방자치단체를 2계층으로 한정하고 있고, 그것도 기초지방자치단체의 규모를 세계에서 가장 큰 인구규모로 설정하고 있어 주민들이 지방자치단체에 제대로 '참여'하는 것을 거의 불가능하게 만들었다는 것이다. 즉 기초지방자치단체의 평균인구규모를 보면, 한국이 얼마나 과대한(?) 규모인가를 알 수 있고 주민들의 대표들이 몇 명의 주민들의 의사를 대표하는 가를 보면, 한국의 지방자치가 얼마나 자치하기가 어려운 것인가를 알 수 있다.

〈표3〉 국가별 지방의원의 1인당 인구수

국가	인구(백만명)	의원1인당인구수	의원총수
미국	297.0	2,393	460,000
프랑스	62.7	120	520,436
영국	60.2	2,866	21,000
일본	125.9	1,498	84,003
한국	48.0	13,231	3,626

출처: 한국지방자치학회(2008:136) 재인용

국가별 지방의원의 인구규모를 보면, 주민의 대표로서의 지방의원의 숫자가 영국은 7배, 프랑스는 15배 이상이 됨을 알 수 있다. 결과적으로 지방자치의 핵심기관이라고 할 지방의회의 의원 1인당 인구수는 한국이 가장 큰 규모가 되고 있다.

한국이 정상적인 지방자치를 하려고 한다면, 읍면동에 해당하는 주민자치위원회가 진정한 지방자치를 할 수 있도록 지방자치단체화하든지, 주민총회에 기반한 근린생활자치를 할 수 있도록 개혁하여야 한다.

Ⅳ. 주민자치의 본질회복 : 과연 자치를 어떻게 해야 하는 것인가?

1. 총회를 통한 주민자치권의 회복

민주주의를 제대로 하려고 한다고 하면, 이상적인 제도는 직접민주정이다. 대의민주정은 불가피한 차선책이다. 도시화로 인하여 일정한 공간에 인구규모가 급증하면서 주민총회와 같은 직접 민주정이 불가능하기에 간접민주정으로서 도입된 제도이다.

직접 민주제의 전형은 그리스 아테네이고, 주민총회에 해당하는 민회에서 토론을 통하여 공동의 의사결정을 함으로서 모든 시민에 의한 정치를 할 수 있게 된 것이다. 그리고 여기서 시민성이 강조되는 것이고, 시민성이 살아서 약동하는 것이다.

이러한 직접 민주제의 형식을 지금도 유지하고 있는 것이 스위스의 캔톤(canton)이고, 미국의 타운이나 타운십(township)이다. 여기서는 주민총회형식을 통하여 직접 민주정치가 이루어지고 있는 것이다.

그러나 현실적으로 인구규모가 확대되고, 도시화가 진전되면서 직접 민주정을 할 수 없는 공간규모가 되어, 간접민주정이 불가피해지고, 대의자를 통하여 의사결정을 하도록 위탁할 수 밖에 없었다. 특히 행정국가화현상으로 인하여 대의제의 권한을 전문가 집단인 행정부에 이양하게 됨으로써 시민으로부터 선출되지 않은 관료집단이 정책결정을 하게 되는 경향이 나타나게 되었고, 대의제 자체도 기능부전의 한계를 드러내게 된 것이다.

그래서 1970년대 이후로 대의민주제의 위기에 대응하기 위하여 주민들이 직접 행정과정에 참여하는 경향이 강하게 나타났다. 그렇지만, 이러한 시민참여가 아무리 활성화되어도 대의제도를 치환하는 것은 불가능하고 바람직하지도 않다. 시민들이 행정과정에 참여한다고 하여도 전업으로 시간을 내거나 노력을 경주하는 것은 물리적으로 불가능하고, 이에 따른 사회적 비용도 커질 것이다. 그러나 복잡다양한 사회문제와 공공문제를 해결하는데 대의자로서의 지방자치단체의원이나 전문관료들에게만 의사결정을 하도록 둘 수 없다는 것으로 인해 주민참여의 문제가 지속적으로 제기되는 것이다.

그렇다면 어떻게 직접민주정과 간접민주정의 선택의 딜레마를 해결

할 수 있을까? 이상적인 해결대안은 직접민주정의 인프라위에 간접민주정이 서 있어야 하는 것이 아닐까?

그런데 한국의 경우에는 직접 민주정이 부재한 상태에서 간접민주정으로서의 지방의회만이 시군구와 시도에 설치되어 있어 지방자치가 지난 26년간의 재도입에도 불구하고 지방자치가 역주행하는 현상이 발생하고 있는 것이다. 즉 1991년도에 비해 현재의 지방자치단체의 재정자립도는 10%이상이 낮아지고, 국고보조사업의 개수나 예산규모는 기하급수적으로 증가하고 있는 것이다. 다시 말해 지방자치단체는 국가에 더욱더 의존하는 현상이 나타나고 있는 것이다.

이러한 지방자치의 역주행을 막을 시급한 제도적 장치가 필요하다. 그것은 읍면에 대한 지방자치단체화 및 동에 대한 주민총회의 도입이다. 이를 통해 읍면동의 주민들에게 읍면동이란 공간에 대한 주권을 회복하게 해주고, 주민들에 의하여 근린생활정부를 구성하도록 하여 이 근린생활정부가 주민들을 위하여 자치행정관리를 할 수 있도록 해 주어야 할 것이다. 이것이 링컨이 말한 민주주의이다.

2. 공공재로서의 근린생활서비스의 공급을 위한 근린자치의회의 형성

그러면 일단의 사람들은 주민총회나 읍면의 지방자치단체화를 통해서 무엇을 하고자 하느냐고 물을 것이다. 근린생활공유서비스를 공급하고, 근린생활공유를 위한 공유재산을 취득하고 관리하기 위함이다.

현재의 구조는 공유재산이라고 하면, 국가의 행정재산과 일반재산을 의미한다. 국가의 행정재산은 국가의 행정관리를 위해 필요한 재산이고, 일반재산은 국가가 공공용이나 공유용, 공익사업을 위하여 취득하고 있는 재산을 의미한다.

이러한 공유재산을 관리하기 위하여 공유재산심의위원회를 두기도 하지만(강릉시 공유재산관리조례제4조), 궁극적으로는 공유재산의 관리책임은 지방자치단체장에게 있다(동조례 2조).

만일 근린생활구역에 이러한 공유재산이 없거나, 공유생활서비스가 없다고 하면, 굳이 근린자치를 할 필요도 없고, 근린자치의회를 형성할 필요도 없을 것이다. 그러나 보다 주민들이 생활의 질을 맞춤형으로 향상하고, 근린생활공동체의 지역발전을 위하여 창의적이고 도전적인 사업과 전략을 모색하고자 한다면, 이것을 결정하고 추진할 수 있는 근린생활정부가 필요하고, 이것을 자치적으로 하는 민주적 제도가 바로 근린자치의회이다. 만일 민주적인 제도로서 대의제보다는 직접민주정을 선호한다고 하면, 주민총회를 정기적으로 개최하여야 할 것이다.

이러한 근린자치의회나 주민총회가 없는 주민자치는 자치가 아니다. 이점에서 주민자치위원회는 주민없는 자치이고, 주민총회의 인프라가 없는 위원회에 불과하다. 진실된 주민자치가 아니라는 것이다.

그러면 어떤 근린생활서비스가 있을것인가를 생각해 보자. 그리고 근린생활서비스를 제공하기 위하여 근린생활 자치관리사무로서는 어떤 것이 있을까를 생각해 보자. 아파트단지를 예로 들어 보면, 주민들이 공유하는 재산이 있어야 하고, 주민들이 함께 그것을 관리해야 주민들의 재산가치가 유지보전되는 관계가 있어야 한다.

최근에 주소를 도로명으로 정하는 경우가 많은데, 일정한 폭의 도로와 도로로 만들어지는 구역을 하나의 근린생활자치관리단위로 정할 수 있다. 그리고 그 구역안에서의 쓰레기처리, 도로정비, 주차장확보, 조경관리, 조명관리, 방범시설설치, 레크레이션을 위한 커뮤니티시설, 엘리베이트관리 등의 공유생활서비스를 들 수 있다. 그리고 그 공간안에서의 도로점유료징수라든지, 광고판 관리수입, 유기농농산물판매 등의 관리사업을 운영(주민공동체에서 사회적 협동조합등을 만들어서 위탁줄수도 있음)할 수도 있고, 어린이집이나 소규모의 방과후학교 등을 학부모회 등이 자치적으로 운영하게 할 수도 있다.

결과적으로 근린생활이 편리해지고, 유용한 근린생활서비스가 풍부해질수록 그 구역에 사는 주민들의 만족도와 행복도가 높아질 것이다. 그러면 지가도 상승하게 될 수 있다. 또, 지역발전에도 기여할 수 있을 것이다.

3. 자치세의 신설을 통한 재정자치의 확립

자치다운 자치의 핵심은 재정적 자치이다. 재정적 자치가 뒷받침되지 않으면 근린생활정부의 운영을 위하여 상위정부나 외부에 의존할 수밖에 없다. 또 자치란 것이 재정적으로 자립할 수 있을 때 주장할 수 있는 것이지, 의존된 상태에서는 자동적으로 지원을 해주는 측에 의존할 수밖에 없고, 스스로 필요한 것을 스스로 결정하지 못하게 된다. 외부로부터 감사나 규제, 통제나 간섭을 받게 될 것이다. 이것은 결과적으로 주민들이 스스로의 삶의 질을 높이기 위한 공동의 의사결정을 하지 못하게 만든다.

근린생활자치관리비라는 이름으로 자치세를 신설하는 것이 필요하다. 근린생활자치구역에서 필요한 공동생활서비스가 있는데, 이것에 대한 공급과 관리를 근린생활정부가 담당하도록 하는 것이다. 따라서 근린생활정부가 자치관리비를 징수할 수 있어야 하고, 이에 불응할 경우에는 생활의 필수적인 전기나 수도 등의 서비스의 공급을 일정기간의 유예기간 후에 중단한다든지, 연체시에 연체료를 징수하고, 이것에 불응할 경우에는 간이재판을 통하여 강제징수도 할 수 있는 사법적 제도도 구비되어야 한다.

현재 한국의 지방세의 구조를 보면, 도세와 시군세로 구분되고 있다. 도세에는 보통세로서의 취득세, 등록면허세, 지방소비세, 레저세가 있고, 목적세로서 지역자원시설세, 지방교육세가 있다

시군세로서는 보통세로서 주민세, 재산세, 자동차세, 지방소득세, 담배소비세 등으로 나누어져 있다. 자치구세로는 시군세의 재산세와 도세에 있는 등록면허세로 구성되어 있고, 특별시와 광역시세는 시군세의 재산세를 뺀 모든 세원과 도세의 등록면허세를 뺀 모든 도세를 한꺼번에 징수하는 것으로 되어 있다.

〈표4〉 지방정부의 지방세구조

	도세						시군세				
	보통세				목적세		보통세				
	취득세	지방소비세	레저세	등록면허세	지역자원시설세	지방교육세	주민세	재산세	자동차세	지방소득세	담배소비세
특별시 광역시세	○	○	○		○	○	○		○	○	○
자치구세				○				○			

출처: 김병준(2011:429)의 자료를 저자가 편집가공

즉 세원구조에서 특별시와 광역시세는 시도세와 시군세를 통합하여 징수하는 구조로 되어 있는 것이다. 결과적으로 특별시와 광역시는 시군이 수행하는 고유사무는 물론이고 도가 수행하는 광역고유사무도 통합적으로 담당하여야 하는 것이다.

여기서 주민자치다운 자치를 하기 위해서는 근린생활자치구역세를 신설하고, 이것은 현재의 세원체계에서 보면, 주민세와 자동차세를 세원으로 이관하여 주는 것을 가설적으로 검토할 수 있다. 근린생활자치는 주민들이 하는 것이니 주민세를 근린생활정부가 징수하도록 하고, 자동차라고 하는 재산에 대해서 주차장관리라든지 방범 등의 근린생활서비스의 제공과 매칭될 수 있는 재산의 하나로 간주한다고 하면, 근린생활정부의 주된 세원으로 배정할 수 있을 것이다.

이를 통해 근린생활정부가 근린생활공유서비스를 제공하는데 필요한 최소한의 자립적 재원을 확보하도록 지방세체계를 개정하는 것이다. 현재 이와 유사한 시스템을 도입하고 있는 것이 바로 아파트단지의 관리비제도이다.

다시 말해, 이러한 근린생활공유서비스를 생산하기 위해서는 주민들이 세대당의 주민세를 내거나 자동차세 등 근린생활서비스의 제공에 상응하는 세원을 자치관리비라는 개념으로 징수하여 근린생활정부의 운영유지비를 확보할 수 있어야 한다. 이것이 가능한 법제도를 구축하여야 한다. 이에 대한 선례는 이미 아파트단지의 자치적 관리를 운영하고 있는 주택법을 참고로 하면 될 것이다.

4. 근린지역의 법으로서의 규약제정권과 특별구역자치권부여

자치는 무엇보다도 법치이다. 법을 주민총회를 통해서 제정하거나 대의체인 의회를 통해서 제정하는 것이다. 차이는 법이 영향력을 미치는 공간의 규모가 어느 정도이냐의 차이일 것이다. 또 법이 영향력을 미치는 배후지가 넓으면 넓을수록 상위의 중심성을 가지는 법이 될 것이다. 그래서 법의 영향력을 미치는 범위의 규모에 따라서 저차 중심지, 중차 중심지, 고차중심지로 구분할 수 있을 것이다

문제는 저차중심지의 법과 고차중심지의 법간에 어떤 관계(relation)에 있도록 할 것인가이다. 즉 양자간의 관계를 수직적인 통제관계에 둘 것인가 역할분담에 기인한 수평적인 병렬관계 혹은 대등관계에 둘 것인가이다.

만일 보충성의 원칙(혹은 보조성의 원칙)에 따라서 저차중심지에 법의 우선적 적용을 하고, 중차중심지 혹은 고차중심지의 법을 저차중심지의 법을 보완하거나 지원하는 역할로 분담한다고 하면, 미국의 홈룰에 기반한 자치헌장(charter)과 같은 자치권을 수여하는 방식이 될 것이다.

그래서 근린지역의 저차중심구역에서도 주민들에 의하여 근린생활정부를 구성하고, 기관구성이나 세원, 조직, 인사, 재정, 도시계획, 입법 등의 자치권을 가지게 될 것이다. 한국에서 읍면동 혹은 통리(아파트단지포함)단위의 주민자치를 도입한다고 하면, 그 공간구역에 대한 규약제정권을 수여하고, 그 규약은 그 공간구역에 거주하는 주민에게 효력을 미치는 것으로 하여야 할 것이다.

상위정부에 해당하는 시군구나 시도에서 직접 특별자치구역권을 부여할 수 있을 것이다. 현재의 한국의 지방행정시스템에서는 기관위임

사무제도에 의하여 여전히 중앙정부부처가 예산이나 법적 권한을 상당히 가지고 있는 현실이기에, 특별구역자치가 가능하기 위해서는 국회에서 특별법을 제정하여 근린생활구역에 대한 특별자치권(특구개념과 유사하지만, 자치다운 자치권을 부여한다는 점에서 차이)을 부여하여야 할 것이다. 현재 한국의 법제도에서는 광역시도단위에는 특별자치도, 특별자치시라는 개념을 도입하고 있어, 부분적으로 이 제도가 활용되고 있다고 볼 수 있다.

이 점에서 특별자치(구역)제도를 도입할 수 있는 특별법을 제정하고, 이의 운영주체로서 광역시도가 근린생활권역 혹은 근린생활구역에 자치권을 부여하는 방식도 생각해 볼 수 있을 것이다.

주민자치의 본질 회복을 위해서는 주민들이 근린생활공동체에 적용될 수 있는 법을 스스로 만들 수 있는 자치역량이 있어야 하고, 이것을 뒷받침하는 제도가 설계되어 있어야 한다.

V. 결론 및 제언 : 보다 근린생활단위에서의 자치제도설계의 필요성

지방자치법에 주민자치란 단어가 전혀 나타나지 않는다. 국민이 국가의 주인이라고 한다면, 주민은 지역의 주인이다. 국민과 주민의 정치에의 참여는 민주정치의 핵심적 가치이다.

국민이 국정에 직접 참여하는 것은 물리적으로 거의 불가능하다. 그래서 고안한 제도가 대의민주정이다. 즉 국민은 국정의 대표자로서 국회의원들과 대통령을 선출해두고, 일정한 기간 국정에 대해서는 방임하게 된다. 그리고 국민은 경제영역이나 사회문화영역의 이슈에 전념하게 되는데, 이것이 정치가와 국민의 역할분담이고, 각자는 자신의 역할에 책임을 다하면 된다.

그런데, 주민이 주민다운 것은 자신의 근린(neighborhood)의 생활에 필요한 공동체(community)에 속하여 네트워크를 형성하고, 서로간에 호혜적인 교류를 할 때, 삶의 질이 높아지고, 행복해지며, 인간다운 즐거움을 갖게 되는 것이다. 그래서 인간을 폴리스(polis)적 존재라고 하지 않았던가?

그러나 현대의 산업화와 도시화로 인하여 농촌공동체를 떠나온 개인들이 도시적 삶(the way of urban life)에 적응하면서 익명화되고, 원자화되면서 고립되고 소외된 존재가 된 것이다. 그래서 공동체를 잃어버리고 인간다운 삶에 필수적인 커뮤니티를 상실하게 된 것이다. 인간은 이러한 외로움 속에서 이상적인 삶을 그리게 되었고 도시 속에서도 커뮤니티를 형성하고 참여하려는 욕구를 가지게 된 것이다.

그런데 이러한 욕구를 충족시켜 줄 제도의 불비로 인하여 인간은 직장이나 경제활동에 몰입하게 되고, 승진이나 돈을 인생의 가치로 우상화하는 현상에 빠져버리게 되었다. 그리하여 점점 인간적인 삶의 행복을 추구하는 것이나, 이웃들간의 소통을 통한 참여의 효능감은 단절되어 버린 것이다.

근린생활단위에서의 자치제도를 설계해야 할 필요성은 현실적인 필요성도 있겠지만, 무엇보다도 인간다운 삶의 회복을 위해서도 필요한 측면이 있다. 현재의 지방행정시스템은 인간다운 삶의 회복에 필요한 공공서비스 및 공유서비스를 행정관료제가 모두 공급한다는 이념에 빠져 있는 것같고, 이 이데올로기를 구현하기 위하여 점점 행정관료제가 사회가 가용할 수 있는 권한과 예산을 집중하거나 독점하는 경향이 강하게 나타났다. 행정관료제간에도 현장관료제보다는 점점 계층상의 상위의 관료들이 더 큰 권한과 예산을 독점하려고 하는 경향이 나타났다. 이러한 현상을 가속화시킨 것은 바로, 행정국가화현상이고, 수도권집중이었으며, 정치와 경제의 유착현상과 글로벌경제화라는 흐름이었다.

신자유주의로 대변되는 글로벌주의와 신공공관리(NPM)로 상징되었던 행정개혁의 종착지는 결국 인간을 점점 격화된 경쟁과 성과주의 속에 매몰되게 만들었고, 돈의 논리와 가치(value for Money)에 예속되게 만들었다. 이러한 문제를 풀어내기 위하여 공유경제나 사회적 경제 등의 새로운 경제시스템에 대한 논의가 나타나고 있다.

인간을 인간답게 만드는 전통적인 발견이었고 방법이었던 지역사회에 자치권을 우선적으로 부여하는 보충성의 원칙에 입각한 근린생활자치제도의 설계가 20대국회의 입법과정에서 열매를 맺어야 할 때이고, 헌법개정에서도 반드시 들어가야 할 사항의 하나라고 할 수 있다. 한국의 민주주의를 한 단계 진전시키는 시금석이 바로 근린생활지구에 대한 주민자치제도의 새로운 설계(new design)이다.

참고문헌

김찬동. (2015). 주민자치의 이해. 충남대출판문화원

김찬동. (2014a). 주민자치의 제도설계: 일본의 주민자치회와 주민자치센터를 사례로. 한국지방자치학회보 제26권 제1호. 한국지방자치학회

김찬동. (2014b). 통반장과 주민자치위원회 제도의 혁신방안. 서울연구원

김혜천외. (2011). 현대도시의 이해. 대왕사

유상오. (2006). 일본 오야마초의 주민참여와 NPC운동 과정에 대한 고찰. 도시행정학보 13(1): 69-94

이승종 김혜정. (2015). 시민참여론. 박영사.

전상직. (2016). 주민자치회가 할 수 있는 일을 국가가 하면 배신이 된다. 월간주민자치 제60권(2016.10). 사단법인 한국자치학회

2부

재설계

4장 주민자치의 권한
5장 주민자치의 구성원
6장 주민자치의 재정
7장 주민자치의 조례
8장 주민자치와 공동체

주민자치회와 마을단위 공동체별 목표와 방향설정 그리고 합의방안

-한국형 주민자치회에 요구되는 권한과 역할-

1. 주민자치와 합의

합의(consensus)는 정체(politeia, polity)의 영역이다. 정체라 함은 폴리스(polis)가 어떻게 다스려지는가(governing)에 대한 양식이나 유형의 문제이다. 그래서 폴리스의 정체로서 왕정, 귀족정, 민주정이라고 하는 유형론을 아리스토텔레스는 그의 저서 '정치학'(Politika)에서 제시한 것이다. 시민에게 가장 행복한 정체란 무엇인가라는 논제를 가지고 당시 백여개의 도시 폴리스들에 대한 비교분석을 하면서 제시한 것이 귀족정과 민주정의 혼합체제 혹은 균형체계가 가장 시민의 행복을 높이는 정체(polity)이다라고 하는 제언을 한 셈이고, 이러한 지식을 학습하여 로마도시국가는 공화정(the republica)의 정체를 유지하려고 노력하였던 것이다. 그래서 원로원을 중심으로 민회와 집정관의 3권이 상호 견제와 균형을 이루면서 기본적으로는 원로원이 국가의 주권의 최종결정권자가 되는 통치구조를 유지하려고 하였던 것이다.

주민자치와 마을단위 공동체를 이야기 하면서 너무 거창한 이야기를 한 것 같다. 주민자치는 한국에서는 읍면동단위에서 주민들이 행정과정에 참여(participation)하거나 주민자치센터를 운영하는 데 주민들이 자율적으로 의사결정하는 것을 의미하는 것이고, 마을단위 공동체는 최근에 마을만들기사업 등을 통하여 다양한 마을공동체를 만들려고 하는 것인데, 이들을 대상으로 갑자기 정체(polity)가 어떠니 하는 단어를 꺼내니 좀 어리벙벙할 수 있겠다 싶다.

그런데, 이번에 필자에게 부여된 주제를 보면, 주민자치회와 마을단위 공동체조직별의 목표와 방향설정, 그리고 이들의 합의 방안을 제시하라고 하는데, 다양한 참여자(participants)들이 목표와 방향설정에 합의를 한다는 것은 비전설계를 한다는 것이고, 이에 대한 의사결정을 한다는 의미를 가지고 있다. 이것은 그야말로 정치(politics)가 다루는 내용인 것이다. 다시 말해 읍면동단위나 마을단위에서 지역정치(neighborhood politics)[16] 혹은 커뮤니티 정치(community politics)를 이르는 것으로 이해된다.

---

16 통상적으로 지역을 region이라고 번역하기도 하는데, 이것은 보통 local 보다 상위의 개념으로 사용되는 경우가 많다. 따라서 여기서 지역을 region으로 번역하기 보다는 local 보다 하위의 개념인 neighborhood로 번역한 것이다. 물론 이에 대해서 이것은 community보다 더 작은 개념이 아닌가라고 문제제기 할 수도 있다. 그런 의미에서는 district 등으로 번역하는 것도 생각할 수 있지만, 영국에서는 이를 local government의 명칭으로 사용하기도 하기에 혼란을 불러일으킬 것같다. 일단 여기서는 지역을 neighborhood로 번역하고 커뮤니티와 유사한 규모의 공간단위로 생각하는 것으로 만족해야 할 것같다.

2. 지역정치에 대한 인식과 현실

여기서 한번 생각해 볼 일이 있다. 과연 우리 한국사회에는 마을단위 혹은 읍면동단위에서 지역정치나 커뮤니티 정치란 것이 존재하는 것일까? 미국의 경우에는 인구 몇만명의 도시에서도 도시정치(urban politics)가 있고, 이에 대한 세밀한 네트워크 분석을 통하여 지역정치를 지배하는 것이 몇몇의 엘리트가 있다든가, 반대로 다양한 이해관계자의 다원적 정치가 본질이라든가 하는 학설의 대립이 있다. 현실은 아마 이러한 이론적 주장들의 중간쯤에 어딘가에 있을 것으로 짐작된다.

그렇다면, 한국의 경우는 어떨까? 정치라고 하면, 시군구단위나 광역시도단위에서 정당이 시의원이나 단체장으로 출마하고, 공약을 제시하고, 이에 대해 시민들이 투표하는 것을 정치라고 생각한다. 여기서 정당의 공천권에 돈을 주었느니 어떠니 하면서 정치란 돈과 관련된 비리가 있다는 부정적인 인식이 상당히 존재한다. 그리고 정치가는 이권에 개입하고 말만 앞서서, 신뢰할 수 없는 존재로 인식하면서 행정관료들이 그래도 성실하고 나라를 생각하는 공인(公人)으로 생각하는 경향이 있다고 한다. 국가의 발전을 위해서는 정치가보다는 역시 관료들이 중추적인 역할을 해야 한다는 인식이나, 경제발전이 중요하고, 정치는 누가 해도 상관없다는 인식이 있기도 하다. 물론 일부의 인식이기는 하지만, 오늘날 한국의 지방자치가 제대로 뿌리를 내리지 못하는 여러 원인들 중에 하나는 이러한 인식을 가진 사람들이 상당히 있기 때문에, 아직도 지방정치의 발달이 미성숙하게 되고, 중앙정치에 의존적이고 예속적인 현상이 나타나고 있는 것이라고 생각된다. 다시 말해, 지역정치가 자율성과 책임성을 가지고 작동하지 못하고 있으며, 지역정치에 대한 이론적 연구나 실증적 분석이 낙후되어 있는 것이라고 생각할 수 있다.

이처럼 지역정치에 대한 부정적인 인식과 성찰은 자연히 시군구보다 공간규모가 작은 읍면동이나 통리단위의 공간에서 다양한 정치적 활동이 일어나고 있는데, 이것이 불투명하게 작동하게 만들고, 비공개적으로 지역단위의 가치와 권력의 권위적 배분이 이루어지고 있을 것이란 점이다. 이제는 이러한 영역을 공개적으로 다루어야 하고, 투명하게 작동하도록 제도화를 해야 할 때(timing)가 된 것이 아닌가 한다.

무슨말인가 하면, 바로 주민자치회와 마을단위의 공동체에 대한 '지역단위의 비전설정과 의사결정'을 통하여 그 목표나 방향설정이 합의될 수 있을 것이기 때문이다. 현재는 이러한 합의가 없는 것이고 각각 자기식대로 자기의 영역에 칸막이를 치고 각자도생(各自圖生)하고 있는 상황이라고 할 것이다.

읍면동단위에서 보면, 새마을운동조직, 바르게살기운동조직, 한국자유총연맹, 국민생활체육회 등의 다양한 관변단체들이 각자도생하고 있고, 통반장협의회, 주민자치위원회 등이 역시 각자도생하고 있다. 또 이보다 작은 규모의 단위에서 아파트입주자대표회, 마을공동체만들기, 사회적기업, 협동조합, 상인회, 학교별로 학교운영위원회, 교회공동체 당회(堂會), 녹색어머니회, 향우회, 조기축구회 등이 존재하고 있다.

즉 이들이 읍면동단위에서 '한국형주민자치회'가 어떤 목표와 방향을 설정해야 될지에 대해서 공동의 합의를 하여야 한다고 하면, 이들이 각각 자신의 입장과 주장을 하게 될 것이고, 이것을 어떤 방식으로든 토론하고 대화하여 의사결정을 해야 한다는 것을 의미한다. 이것은 바로 정치의 기능이다. 즉 읍면동단위에서도 정치가 있어야 한다.

3. 다스림(governing)과 자치체성

그렇지만 한국에서 정치라고 하면, 그 이미지가 긍정적이지 않기 때문에 읍면동이나 그 이하의 단위에 '정치'란 단어를 사용하는 것은 혼란을 자초하는 것으로 보인다. 그래서 다스림(governing)이란 단어를 사용하는 것이 바람직할 것으로 판단된다. 즉 읍면동 단위의 '다스림'을 어떻게 할 것이냐의 문제란 것이다.

다스림에는 사람이 있어야 하고 자원이 있어야 한다. 즉 사람이 자원을 사용하고, 배분하면서 질서를 지킬 수 있어야 한다. 이를 위해서는 의사결정을 하는 부분과 집행하는 부분이 있어야 하고, 구성원들이 공동체를 자유롭게 형성하고 상호 공존할 수 있는 법이 있어야 한다. 의사결정을 하고 집행을 하는 부분을 '자치체성'이라고 하고, 구성원들이 공동체를 자유롭게 형성는 부분을 '공동체성'이라고 할 수 있다. 다시 말해, 다스림에는 자치체성과 공동체성이라고 하는 두가지의 요소를 구비하여야 한다. 자치체성을 위해서는 공간구역이 있어야 하고, 자원이 있어야 하며, 주민이 있어야 한다. 그리고 자치체의 질서를 위해서는 자치체를 규율하는 법이 있어야 한다. 따라서 '제대로 다스린다'는 것은 '법에 의한 다스림'을 의미한다. 다시말해 자치한다는 것은 법치여야 하고, 법을 만들기 위해서는 주민들의 대표들이 모여서 자치체를 규율하는 정관이나 규범을 만들어야 하는 것이다. 그리고 그 규범이 자치관리비를 징수할 수 있어야 하고 자치관리를 할 수 있는 전문직원들이 보좌할 수 있어야 하는 것이다.

이렇게 개념을 정리하고 보면, 읍면동 단위에서 공동체성을 가지는 다스림은 존재하지만, 자치체성을 의미하는 다스림은 존재하지 않았던 것을 알 수 있다. 이러한 자치체성을 의미하는 다스림을 읍면동사무소의 행정관료제가 대체하고 있었던 것이다. 읍면동장이 구역의 다스림을 독점하고 있었던 것이고, 관변단체의 단체장들이 행정과 협력하면서 구역의 봉사활동을 주도하였던 것이다. 또 이들 중에서 구의회의원으로 출마하기도 하고, 시의회의원으로 출마하기도 하였던 것이다. 즉 비공식적인 지역정치로의 사다리가 존재하였던 것이고, 이러한 통로를 경험적으로 아는 사람들이 이러한 지역정치에 참여하였던 것이다.

그러다보니, 정작, 주민자치회나 마을단위의 다양한 공동체들이 '한국형주민자치'를 하자고 하였지만, '공동체성을 가진 다스림'만을 생각하다보니, '제대로된 다스림'으로 이어지지 않는 한계를 가지고 있는 것이다. '자치성을 가진 다스림'이 결여된 상태에서는 이 공간을 주민자치로 형성할 수 없다는 것이다. 한국형 주민자치회의 논의가 제자리를 빙글빙글 돌면서 논의의 블랙홀을 빠져 나오지 못하는 것은 바로 자치성을 가진 다스림의 영역을 읍면동주민센터의 행정관료제가 관치(官治)하고 있기 때문이다. 그리고 이 관치에서 필요한 공동체성을 보조해주고 있는 것이 바로 새마을단체나 바르게살기단체와 같은 관변단체들인 것이다. 그래서 연구자에 따라서는 관변단체들도 실제로는 지역에서의 상당한 정도의 커뮤니티조직으로서 기능을 하는 면이 있음을 지적하는 경우도 있다. 즉 관변(官邊)성을 상당히 벗어나 있고, 실제로 회원들의 회비와 자원봉사에 의하여 조직이 움직여지는 측면이 강하기에 지역의 주민자치나, 지역의 공동체활동의 하나로 볼 수 있는 것이 아닌가 하는 견해도 존재한다.

최근에는 주민참여예산제도에 의하여 주민참여예산위원회도 읍면동 지역마다 지역회의로서 존재하는 경우가 있고, 지방자치단체에 따라서는 '복지통장'과 같은 근린복지서비스의 제공을 위하여 새로운 복지공동체를 형성하기도 한다.

이처럼 읍면동 지역단위에서는 다양한 공동체조직들이 존재하고 있는데, 과연 어떻게 읍면동단위의 주민자치회를 형성하는 비전에 합의할 수 있을 것인가?

4. 한국형 주민자치의 전제조건

주민자치회의 통합형이 읍면동 사무처리를 위해서는 '자치성을 가진 다스림'이 되어야 하고, 이를 위해서는 의사결정기구의 위원들은 주민들로부터 어떤 형태로든 '대표성'을 확보해야 한다. 비록 그 대표비율이 낮더라도 절차상의 기준을 충족하여야 한다. 즉 구역에 거주하는 주민들 전체가 절차적으로 정당하게 참여하는 기준에 따라서 대표가 선출되어야 한다. 최근에는 ICT의 발달로 엠보팅(M voting) 등을 통하여 사이버상으로도 개인신분을 확인하여 참여할 수 있는 시스템이 있다. 비용도 그다지 많이 들지 않고 참여할 수 있는 것이다. 즉 정당한 대표성이 최소한 확보되어야 통합형으로 갈 수 있고, 사무기구에 대한 지휘감독권을 가질 수 있는 것이다. 또 한국형 주민자치회의 자치관리의 전문성은 현재의 행정공무원들을 활용한다면, 이들의 신분을 자치지방공무원으로 전환하고, 이들에 대한 신분관리는 '유연한 자격제시스템'으로 하여야 할 것이다. 여기서 유연하다는 의미는 자치지방공무원으로 한번 시험에 합격하면 종신제가 보장되는 시스템이 아니라, 일정한 기간-예를 들면, 5년이나 10년의 임기제로 고용되는 시스템이다. 그리고 직위분류제에 따라서 자신의 전공과 직무의 난이도에 따라서 각각 개별적으로 채용되는 시스템이다.

마을단위에 존재하는 다양한 공동체조직들에 대해서 주민자치회의 위원으로 응모할 수 있고, 한국형 주민자치회가 새롭게 태어나는데, 참여할 수 있다. 즉 이들 다양한 마을에 존재하는 공동체들은 '공동체성을 가진 다스림'을 하는 조직들이기에 '자치성을 가진 다스림'의 의사결정기구에 자유롭게 선거를 통해 참여할 수 있다.

'한국형 주민자치회'는 그 목표가 지역공간에 대한 공공성을 가진 자치관리'이다. 그리고 지역공간의 자치관리를 위하여 시군구로부터 지역공간에 대한 '자치권'을 종합적으로 위탁받는 것이 필요하다. 물론 이것은 주민자치회의 역량이 구비되어야 하고, 주민들의 자율적 의사표현에 의하여야 할 것이다. 주민들이 현재와 같이 행정관료제에 의한 행정관리에 만족한다고 하면, 굳이 이렇게 '자치권을 가진 주민자치회'를 형성할 필요가 없을 수 있다.

아파트단지와 같이 공유재산이 있고, 공동관리가 불가피하게 필요한 지역공간에서는 주택법에 의하여 입주자대표회의와 아파트관리소를 설치하고, 아파트관리를 위한 규약에 의하여 관리비징수와 벌칙을 운영하기도 한다. 이처럼 한국형 주민자치회가 정상적으로 작동하기 위해서는 시군구가 가진 행정관리권한을 주민자치회에 이관(empowerment)할 수 있어야 한다.

그리고 한국형 주민자치회는 지역공간에 대한 자치관리의 전권을 가지고 '다스림'을 할 수 있어야 하고, 지역공간 안에 다양한 공동체의 형성을 인정하고 참여하도록 지원해야 한다. 주된 역할은 지역공간안에 필요한 근린생활자치서비스를 공급하는 책임을 지는 것이다. 아파트입대위와 관리사무소에서 엘리베이트관리, 주차장관리, 조경관리, 방범관리, 쓰레기관리, 층간분쟁조정, 전기세와 수도세 등 공과금 납부 등을 자치관리하는 것과 같이 읍면동 지역공간안에 이러한 생활자치자치관리를 책임지고 할 수 있어야 한다. 최근에는 아파트입대위에서 아파트단지내의 공유공간에 스포츠시설을 설치하거나 어린이집이나 작은도서관 등을 설치하여 커뮤니티형성을 위한 자치사무도 처리하는 것을 볼 수 있다.

이처럼 한국형 주민자치회는 구역공간안에서 주민들의 근린생활자치에 필요한 자치관리서비스를 공급할 수 있어야 한다. 이것이 획일적일 필요는 없다. 그 구역공간내의 주민들의 구성이나 소득수준, 연령대, 지역자원의 유형에 따라서 각각 개별적으로 구성할 수 있다. 이러한 필요를 조사하여 '마을자치 기본 비전과 기본 플랜'을 수립할 수 있을 것이다. 이러한 합의는 한국형 주민자치회의 위원회에서 최종결정하겠지만, 이를 수립하는 과정에서는 다양하게 존재하는 마을단위 공동체조직들의 참여(participation)가 필요하고 주민참여제도의 다양한 기법들을 활용하여야 한다.

한국형 주민자치회도 지역공간에 대한 다스림의 일종이기 때문에 어떤 리더십이 형성되는가에 따라서 주민자치의 품질이 달라질 수 있다. 지역공간의 발전을 위해서는 신망있고, 역량있는 리더를 충원하는 것이 중요하고, 주민들은 이 리더에 대해서 신뢰와 존경을 보낼 수 있어야 한다. 그 지역공간에서 가장 역량있고 전문성을 가진 인재들을 어떻게 참여하게 하는가가 한국형 주민자치회의 성패를 가를 수 있다. 다양한 지역공동체의 허브역할을 해야 하고, 이에 합당한 정당성과 권위를 가질 수 있어야 하기 때문이다.

또 한국형 주민자치회는 '자치규약'을 만들 수 있어야 하기 때문에 법률에 대한 전문가들이 참여할 필요가 있고, 생활자치서비스를 효율적으로 관리하기 위해서는 각각의 생활자치영역의 전문가들이 참여할 수 있어야 한다. 베이비붐세대의 은퇴자들이 이제 지역에서 활동하고 봉사할 수 있도록, '한국형 주민자치회'가 공공적 공간과 구조를 제공할 수 있을 것이다. 한국형 주민자치회가 성공하기 위해서는 '자치관리비'를 거둘 수 있어야 하고, 이것은 법률에 의해 규정되어야 한다. 현재의 법체계하에서는 특별법에 의한 형식에 따라서 추진되어야 할 것이다. 결국 한국형 주민자치회에 대한 거시적(macro) 합의는 국회에서 이루어져야 하고, 미시적(micro) 합의는 읍면동주민자치회라는 '근린생활의회(neighborhood council)'에서 이루어져야 한다.

주민의 자치기구인 주민자치회를 이끌어갈 구성원의 자격과 조건

- 읍면동주민자치회, 정말 주민의 자치는 가능한가 -

1. 리더의 조건

플라톤은 철인정치를 주장하면서 정치는 철학과 인격을 구비한 철인(哲人)이 하는 것이라고 주장하였다. 즉 다스림을 하는 전문성을 가진 사람들이 하는 것이고, 다스림의 전문성은 지혜를 사랑하고, 생각하는 능력을 구비한 사람이라는 주장이리라. 그 외에도 군사는 용기라는 아레테(arete, 덕목)를 가져야 하고, 상인은 절제의 아레테를 가져야 한다고 주장하였다. 즉 도시국가라는 공동체를 이끌어가는데는 다양한 전문가들이 필요하다는 주장이 기저에는 있는 것이다. 당시의 그리스 아테네의 도시국가의 시민들은 대개 1만에서 5만명내외였다고 한다.

동양에서도 리더의 조건으로서 수신제가치국평천하(修身齊家治國平天下)라고 하여 나라를 다스리는 사람은 먼저 자신을 수신하고, 가정을 돌

본 후에 국가를 다스린다고 하여 그 순서를 정해 두고 있다.

그렇다고 하면, 주민자치는 지역의 근린생활을 다스리는 것이라고 하는데, 여기서도 리더의 조건이 있을 것으로 전제할 수 있다. 주민자치의 리더는 어떤 조건을 구비한 사람이 되어야 하는 것일까를 생각하는 것이 이번 글의 주제이다.

2. 주민자치의 본질

먼저 여기서 주민자치란 과연 무엇인가를 살펴보아야 한다. 통상적으로 말하는 주민자치위원회가 주민자치인가? 아니면, 최근에 새롭게 시범실시도 하고 있는 주민자치회가 주민자치인가? 그것도 아니라고 한다면, 과연 주민자치란 무엇이어야 하고 어떤 조건을 구비하였을 때 주민자치라고 하는 것인가라는 점이다.

자치는 스스로 다스림이다. 다스림은 정치와 밀접한 공통개념을 가지고 있는 것으로 볼 수 있다. 정치는 자원의 권위있는 배분이라고 하고, 정치의 의사결정을 위한 권력은 민주주의의 기본원칙에 따라서 형성되는 것이 자유민주주의 헌법 질서에 부합하는 것이다. 그래서 최고의 권력은 주권자인 국민(주민)의 투표로 선출한다는 것과 일정한 기간의 임기가 되면 교체한다는 것이다. 또 하나는 정치의 권력은 입법과 사법, 행정권으로 나누어서 상호 견제와 균형(check and balance)에 의하여 분할되어서 투명성을 가지고 사용되어야 한다는 것이다. 또 지방자치가 실시된 나라에서는 국가의 역할과 주, 혹은 지방자치단체의 역할을 명확히 분리하여, 각각의 역할에 대해서는 자치권을 부여되어 있는 것이다. 그리고 국가와 지방자치단체간의 역할분담에서도 보충성의 원칙(the principe of subsidiarity)이 적용되어야 한다는 것이다. 최근에는 대의제 민주주의의 한계로 인하여 직접 민주주의제도들이 상당히 도입되어 주권자인 주민들이 직접 선출된 대리자(의원 및 시장)를 통제하도록 하고 있다. 더 나아가 숙의민주주의라고 하여, 주민들이 참여하여 토론하고 숙의한 후에 그 과정에서 자연스럽게 의사결정이 새롭게 되어지도록 제도적 장치들이 도입되고 있다.

다시 말해, 정치의 권력을 행사하는 과정에 주민들이 다양한 방식으로 참여하여 가능한 소규모의 단위에서 의사결정이 되어지고, 그 과정에 참여하고 토론하여 정부와 주민이 소통하는 제도적 장치의 발명이 지속적으로 이루어지고 있는 것이다. 주민자치란 것도 이러한 선상에서 이해해야 할 것이라고 본다. 즉 정부와 주민이 소통할 수 있는 공간을 만들고, 역할을 부여하며, 이를 이끌어갈 리더를 선발하는 통합적 과정의 하나로 이해해야 할 것이다.

이렇게 보면, 주민자치도 정치의 본질적 요소를 가지고 있는 것이고, 주민자치회의 기관구성도 민주주의의 삼권분립이나 보충성의 원칙과 같은 핵심적 가치들을 도입하여 제도설계되어야 할 것이다.

3. 아파트단지의 공동관리와 구성원 조건: 절차적 정당성

주민자치를 근린생활공간에 대한 다스림을 의미한다고 할 때, 공간이 있고, 주민이 있으며, 자치권이 있어야 한다. 이는 국가의 3요소에서 국민, 영토, 주권(자치권)이라고 하듯이 주민자치에서도 자치권은 핵심적인 요소이다. 그렇다고 하면, 자치권은 어디에서 오는가?

일제식민시대의 경험을 한국은 가지고 있기에 주권의 의미를 쉽게 이해할 수 있다. 즉 주권이 없으면, 독립국가가 아닌 것이고, 국민을 위한 정치도 있을 수 없다. 마찬가지로 읍면동의 행정구역을 보면, 행정관료제에 의한 통제장치로서의 읍면동사무소가 있고, 주민들이 스스로 근린생활공간을 다스릴 수 있는 자치권이 부여되어 있지 않다. 주민자치를 제대로 하려고 하면, 무엇보다도 근린생활공간에 대한 자치권을 법제도적으로 부여되어 있어야 한다. 그리고 근린생활자치의 서비스를 공급하는데 필요한 세원을 징수할 수 있어야하고, 근린생활자치 서비스를 공급하는 직원들은 전문성을 가지고 있어야 한다. 그리고 주민들이 총회를 통하여 예산의 심의의결과 결산동의를 할 수 있는 권한을 가지고 있어야 한다. 자치를 하려고 하면, 주민자치를 위한 공동의 재산이 있어야 하는 것이다.

이에 대한 이해를 돕기 위하여 아파트단지의 공동관리를 생각해 보면 된다. 즉 아파트단지는 공유재산이 상당히 존재한다. 즉 아파트를 한 채 가지고 있다고 하면, 사유재산과 공유재산을 가지고 있는 셈이고, 공유재산에 대한 공동관리를 위하여 아파트입주자대표위원회와 아파트 관리소가 있는 셈이다. 아파트입대위는 정관을 제정개정하고, 예산을 심의의결하는 권한을 가지고 있다. 아파트관리소장은 주택관리사로서의 전문성을 가지고 있으며, 매달 예산의 집행결과를 공개하고 있다. 아파트단지는 엘리베이트관리, 방범, 조경, 쓰레기처리, 주차장관리 등 아파트단지내의 근린생활에 관련된 공공서비스를 자치관리하고 있다. 아파트 입대위원은 2년마다 선거로 선출하고 있다. 대규모아파트에서 입대위원으로 출마하는 사람들은 자신의 임기내에 아파트관리의 어떤 문제점을 해결하겠다고 공약을 들고 나오는 경우도 있다. 아파트입대위가 잘 되어 있는 아파트단지는 주민들의 만족도가 높고, 아파트가격도 올라간다고 한다.

여기서 주목할 부분은 아파트단지의 입주자대표위원들은 어떤 자격과 조건을 갖춘 사람들이 되는가라는 점이다. 물론 이상적으로는 주택법에 대해서 잘 알고 있어야 하고, 아파트단지관리의 예산심의와 결산처리, 아파트관리직원들에 대한 지휘감독, 아파트관리를 위한 계약 등에 대한 전문지식을 가지고 있어야 할 것이다. 또 아파트단지의 주민들을 사랑하고 이해하며, 다양한 공동체활동이 이루어지도록 본을 보이고 지원하는 역할을 할 수 있어야 할 것이다.

그러나 현실적으로는 그다지 특별한 자격요건을 구비하여야 한다거나 조건이 있어야 한다고 하는 것은 아니다. 아파트단지마다 다양한 특성들이 있기에 그 특성에 맞게 아파트단지의 관리를 위한 대표자이면 되는 것이다. 따라서 아파트입대위원이 되기 위해서는 어떤 자격증을 요구하거나, 특정한 경력을 요구하는 자격과 조건을 요구할 것은 아니라고 보여진다. 그렇지만, 아파트입대위원으로서의 지위를 얻기 위해서는 주택법이 요구하는 '절차적 정당성'은 확보해야 하는 것이다. 만일 이러한 법률적 정당성을 구비하지 않은 사람이 아파트입대위원을 하고 있다면 이에 대해서 공공행정기관에서 이에 대해서 점검하고, 문제제기를 해주어야 할 것이다. 그것이 아파트주민들에 대한 최소한의 공공행정기관의 역할일 것이기 때문이다. 물론 주민들이 공공행정기관이 제기한 문제제기에 대해서 지적하였음에도 불구하고, 따르지 않기로 민주적으로 결정한다고 하면, 민주주의의 대원칙에 따라서 허용해도 무방할 것이다.

그렇지만, 공공행정기관이 아파트관리의 공공성과 법률적 정의를 위반한 사례들에 대해서 침묵한다고 하면, 공공행정기관의 존재목적에 부합하지 않는 것이 된다. 따라서 공공행정기관은 아파트단지에 대한 자치관리의 권한을 법률을 통하여 부여하지만, 아파트 입대위원들이 아파트관리에 있어서의 '공공성'이나 '법치성'을 위반한 경우에는 개입하여 시정해야 할 것이다.

4. 근린생활자치와 자치권부여

현재의 아파트단지의 관리를 둘러싼 아파트입대위와 시군구청과의 관계를 보면, 아파트단지에는 자치권이 부여되어져 있다. 그리고 아파트입대위라는 대표조직이 형성되어, 자치관리를 하고 있는 경우에는 시군구청에서 그다지 개입하지 않는다. 그러나 아파트단지의 주민들이 아파트입대위의 결정에 대해 민원을 제기하거나 법원에 소송을 제기하는 경우에는 행정권과 사법권의 개입을 통하여 분쟁을 해결하게 된다.

반면, 주민자치회를 둘러싸고는 이러한 역할분담이나 권한부여가 이루어지고 있지 않다. 매우 미미한 정도의 사무권한을 이관한다고는 하지만, 실제로 주민자치회의 시범실시를 한 곳을 분석해 보면, 4천여개의 자치구청의 행정사무 중에서 주민자치회의 자치사무로 이관가능한 것은 10여개에 불과하고 그것도 비예산사업에 치중되어 있는 것을 알 수 있다. 즉 여전히 자치단체장이나 행정공무원들의 인식이 주민자치회를 '봉사활동'정도로 인식하는 것으로 보인다. 이래서는 주민자치회가 제대로 될 수도 없고, 주민성을 함양할 수도 없다. 봉사활동을 잘하는 사람을 주민자치회의 위원으로 선발해야 한다는 인식으로서는 한국의 주민자치회는 소망이 없다고 할 수 있다.

주민자치는 근린생활공간에 대한 다스림이다. 다스림은 의사결정(decision-making)이다. 다스림은 인치가 아닌 법치여야 한다. 그래서 근린생활공간에 대한 법만들기(rule making)가 있어야 한다. 아파트단지에 아파트 관리를 위한 정관을 제정하고 이 정관에 따라서 대표도 뽑고, 관리비도 징수하는 것이다.

그렇다고 하면, 근린생활공간에 대한 마을조례만들기, 마을플랜만들기, 마을예산참여하기 등을 통하여 물리적인 마을만들기만이 아니라, 마을의 공공성을 형성하기 위한 기본골격만들기가 이루어져야 한다. 이 점에서는 주민자치회의 리더는 법에 대한 지식과 도시계획에 대한 지식, 행정관리에 대한 지식, 조직운영에 대한 경험 등이 요구된다고 할 수 있다. 물론 지역에서 봉사활동을 통하여 지역에 대한 관심과 사랑을 풍부하게 가진 사람도 주민자치회의 리더에 포함되어야 할 것이다.

이렇게 보면, 상당한 정도의 법적 지식, 행정학 지식, 자치학 지식, 도시계획학 지식 등이 요구되는 것을 알 수 있고, 사회에서의 다양한 경험을 통하여 관리자로서의 경험을 가진 사람들이 주민자치의 리더가 되는 것이 적합하다. 그렇지만, 주민자치는 주민들의 참여가 무엇보다도 중요하기에 특정한 엘리트만의 참여를 자격이나 조건으로 제시할 수는 없다. 그것은 그 지역에서 주민들이 선거를 통하여 결정한 사항이다. 오히려 법을 만드는 법치가 주민자치의 본질에 가까운 것이라고 할 수 있다. 법을 만들려면, 주민들의 대표기구가 존재해야 하는 것이다.

5. 근린생활자치로서의 한국형주민자치: 구성원의 절차적 대표성

주민자치는 근린생활자치를 하는 공간에서의 다스림이다. 다스림의 내용이 생활공공서비스이기 때문에 정치적인 쟁점이 되는 것도 아니다. 근린생활공간에 사는 주민들이 하나의 공동체를 이루면서 필요한 공공생활서비스를 결정하고, 공급할 수 있는 시스템을 구축하는 것이다. 인치가 되지 않고 법치가 되기 위해서는 먼저 근린생활자치공간을 규율할 정관(조례)이 있어야 한다. 그리고 여기서 주민의 권리와 의무, 의사결정기구로서의 총회나 자치대표회의 기관구성, 관리세원의 규정, 공공서비스공급을 위한 조직화, 예산심의의결, 주민참여 등에 대한 규정이 규정된다. 절차적 정당성을 확보된다고 한다면, 어떤 자격과 조건을 구비한 사람을 선출하는 것인가는 그 지역의 주민들의 선택에 맡기면 된다.

단, 이곳에서 주민자치의 대표자로 활동한 사람들이 정당활동을 하는 것을 금지하는 조건은 필요하다. 또 근린생활자치의 공간에서 대표자로 활동한 사람들이 향후 5년간은 정치적 대표자로서 출마하는 것은 금지할 필요가 있다.

한편, 주민자치의 집행기구의 직원들은 직무에 대한 전문성과 경력을 가지고 있어야 한다. 주민자치회의 사무국장의 경우에는 자치관리사의 자격증을 가지고 있어야 하고, 주민자치회의 사무국에서의 근무경력이 최소한 10년 이상은 있어야 한다는 조건을 둘 필요가 있다. 회계를 담당하는 직원은 계약사무과 회계사무에 대한 자격증이나 경력을 가지고 있어야 한다. 그리고 주민자치회의 근린생활서비스를 공급하는 시행업자들은 서비스 공급에 대한 인허가를 받은 유자격자여야 할 것이다.

주민자치회의 대표로 선출되는 사람은 주민총회에서 선출된 사람이어야 한다. 과반수의 투표와 과반수이상의 찬성을 얻은 사람이어야 한다. 규모가 작은 주민자치회의 경우에는 2/3의 찬성을 얻는 사람이 되도록 규정을 강화할 수도 있다. 임기기간동안 주민자치를 위한 공약을 3개-5개정도로 제시하고 그것은 반드시 이행하도록 되어야 한다. 주민자치회의 대표는 3인, 5인, 7인, 9인정도의 홀수로 정하는 것이 좋고, 합의제로 의사결정을 하도록 하는 것이 바람직하다. 독임제가 되면, 주민자치의 권한이 집중되어 투명성에 문제를 일으키게 된다. 합의하고 토론하여 의사결정한다는 것과 결정에 대해서는 공동책임을 진다는 것을 명확히 하는 것이 필요하다.

사무국의 직원은 주민자치를 위하여 근린생활서비스로서 그 지역의 필요와 특성에 따라서 숫자를 정할 수 있다. 그리고 주민자치관리비의 예산범위내에서 인원을 채용한다. 직위분류제로 채용하고, 임기 5년마다 재임용하는 방식을 취하는 것이 좋다.

주민자치회의 운영자들의 조건과 자격도 중요하지만, 주민들이 시민성을 가지고 자치에 대한 관심과 지식을 가지고 참여하는 것이 더욱 중요하다. 이를 위해 주민자치교육을 초중고에서부터 실시하고 작은 규모의 자치를 실제로 경험하도록 해야 한다. 플라톤의 국가라든지, 로크의 시민정부론 등과 같은 인문고전을 읽히는 노력도 주민자치회가 해야 할 과제중의 하나라고 본다.

주민자치회성공요인으로서 주민자치재원확보 및 확대방안

- 회비 기금 후원금 행사를 통한 수입확보방안 -

1

주민자치회는 주민이 자치하는 모임이다. 자치는 스스로 다스린다는 것이고 공동체를 규율할 수 있는 규약을 스스로 만든다는 것이며 이 규율을 구성원들에게 집행할 수 있는 법규관리력이 있다는 의미이다. 그런데, 주민들이 자신들이 속한 공동체의 규율을 스스로 만들지 못하고, 그 규율을 행정관료제가 행정사무를 통하여 통제하는 상황에서는 자치가 형성되기 어렵다. 자치가 형성되기 위해서는 예산, 법적 권한과 전문성을 가진 행정관료제의 지역에 대한 지배력을 철수해야 할 것이다.

그것이 바로 읍면동축소 및 폐지를 통하여 읍면동 관할구역에 대해서 주민들과 주민공동체가 규약을 만들어서 관할구역에 대한 자치적 관리력을 형성할 수 있어야 한다. 공동체의 운영은 유대감과 호혜성을 가지는 것으로 형성되는 것이지만, 자치체의 운영은 자치적 서비스를 공급하고 구성원들로부터 이에 필요한 재원을 거출할 수 있어야 하며, 이러한 재원을 투명하게 관리하고 책임성있게 운영하기 위해서 운영을 위한 구성원의 대표자를 선출하는 것이다.

자치체의 관할구역에 구성원들의 공유적 자산을 가질 수 있어야 하고, 공유적 자산을 관리 할 수 있는 전문성과 법적 지위를 가진 운영체가 되어야 할 것이다. 법적 지위를 가진다는 것은 자치체가 근린생활영역의 자치를 통하여 행정과 협력적 거버넌스를 구성한다는 의미를 가진다. 또 법적 지위를 가진다는 말은 법률적으로 자치서비스의 공급을 위하여 필요한 세원을 확보하는 위상을 가진다는 의미이다. 즉 자치이기는 하지만, 법률적 위상을 가진 자치이기에 자치세원을 위한 법률적 강제력을 가진다는 의미이다.

여기에 대해서 자치를 한다고 해놓고, 법률적 강제를 가진다는 것이 모순이 아니냐고 문제제기 할 수도 있을 것이다. 그러나 주민자치위원회 시기에도 이미 정치자금법이라든지, 기부금법 등을 통하여 주민자치에 대해서 기부금이라든지 후원금을 일정금액이상은 받지 못한다는 법률적 규제는 받고 있었다. 단지 주민자치 자체를 규율하는 법률적 위상을 가지고 있지 않았다는 것이지, 현대의 법률생활에서 주민자치에 대한 법적 언급이 없다고 해서 법률의 규제대상이 아니라는 것은 아니라는 점이다.

그렇다고 하면, 적극적으로 주민자치에 관련된 법률적 질서를 명확하게 함으로써, 주민자치란 것이 주민들의 생활자치, 근린자치, 지역자치에 필수적인 것이고, 풀뿌리민주주의를 위해서도 핵심적인 것이며, 지방자치를 성숙시키고 발전시키는데 필요한 것이라고 한다면, 적극적으로 주민자치가 실질적으로 작동할 수 있도록 법률로서 명확히 규정하는 것이 필요하다고 할 수 있다.

2

주민자치회 시범실시의 시기를 거쳐서 주민자치회 전면실시를 검토하는 시기에 이르고 있다. 주민자치회의 모델로서 협력형과 통합형, 주민조직(주도)형이 제시되었고, 통합형과 주민조직형은 읍면동에 대한 폐지나 축소, 역할전환이 법률적으로 요구되는 것이어서 현행 법체계에서는 실시하기 어렵다는 판단을 행정자치부는 내렸다.

그래서 이번 전면실시를 준비하면서는 통합형을 주민들이 선택적으로 실시할 수 있도록 법률개정과 주민자치에 관한 법률제정을 준비하고 있다. 지방자치발전위원회(대통령소속)는 '풀뿌리자치 활성화와 민주적 참여의식 고양'을 위하여 2016년에는 법률에 기반하여 주민자치회를 전국적으로 실시하려고 한다.

주민자치기구를 만들어서 주민들이 운영관리하도록 하겠다는 것이다. 법률기반으로 주민자치기구를 만드는 것이기에 정부예산을 지원하겠다는 것이다. 문제는 이 예산이 정부의 보조금이나 사업비의 위탁형식으로 받는 것이라고 한다면, 관-민관계에서 민(民)이 자치적이 되기 어렵다는 점이다.

민이 자치가 되기 위해서는 가장 기본이 '재정과 예산'의 자립과 자율적 운영이 가능해야 하는 것이다. 재정의 자립을 위해서는 주민자치회의 구성원들이 주민자치운영을 위하여 세금을 내어서 주민자치회의 운영과 자치사업을 위한 재정적 기반을 구비할 수 있어야 한다. 이것은 곧 주민자치세를 신설하여야 한다는 의미이고[17], 이것에 대한 법률적 강제가 있어야 한다는 것이다. 아파트단지에서 관리비를 내지 않으면, 수도와 전기를 단전할 수 있다든지 하는 강제력이 작동하는 것처럼, 주민자치세를 내지 않으면, 최소한 동등한 조치를 취할 수 있는 장치가 있어야 한다는 것이다.

또 주민자치세를 수납하고 지출하는 전문적 조직으로서 주민자치관리소가 있어서 회계를 담당하는 전업직원이 있어야 할 것이다. 이것은 아파트단지관리에서 현재 운영하고 있는 시스템이다. 또 주민자치예산의 편성, 심의의결, 집행책임을 확보하기 위하여 주민자치운영위원회가 있어야 할 것이다. 이것 역시 아파트단지관리에서 입주자대표위원회를 두고 관리비의 편성, 심의의결, 집행책임을 확보하는 것과 동일하다.

주민자치관리의 전문성을 확보하기 위하여 주민자치관리사제도를 운영할 필요성이 있다. 주민자치관리사 시험이 있어서 이론시험과 실무경력에 따라서 주민자치관리의 자격제를 운영하여야 할 것이다. 주민자치관리사 협회를 만들어서 주민자치에 대한 전문적 관리를 하도록 해야 할 것이다. 주민자치관리사협회는 주민자치학회나 지방자치학회와 긴밀한 연계를 통하여 이론적 기반을 바탕으로 운영해야 할 것이다. 이것역시 현재 주택관리사제도를 통하여 아파트관리소장의 자격제도를 운영하는 것과 동일하다.

자치예산운영과 관련해서는 주민자치회가 예산편성권과 예산심의의결권, 예산집행권을 가지고 있어야 한다. 주민자치회의 기관구성방식

17 기존의 주민세를 전환하여 운영할 수 있을 것이다.

과 관련해서 통합형, 분리형[18]이 있고, 의회주도(책임)형과 단체장주도(책임)형[19]이 있을 수 있다. 현재 아파트단지관리에 있어서는 의회책임형과 분리형을 채택하고 있다고 할 수 있다.

이 점에서 주민자치회의 기관구성을 어떻게 할 것인가에 대한 제도설계(institution design)가 필요하다. 현재의 주민자치회의 제도설계에서는 이부분이 빠져있다고 본다.

또 주민자치회가 정상화되기 위해서는 '자치규약'을 만들어야 한다. 일정한 지역관할구역에 적용될 수 있는 권위있는 규약만들기(rule making)가 구성원 주민들의 합의를 통하여 이루어져야 한다. 현재 아파트단지에 있어서 층간소음문제라든지 주민들의 생활민원에 대해서는 아파트입주자대표회의가 조정중재권을 1차적으로 가지고 있다. 이처럼 주민자치운영위원회가 관할구역의 구성원들의 자치생활 및 자치서비스공급과 관련한 조정중재권을 가지도록 해야 할 것이다.

이처럼 주민자치회를 생각하면, 일종의 일정지역관할에 대한 '자치통치'조직이지 않은가라는 문제제기를 할 사람들도 있을 수 있다. 그렇다. 현대의 행정관리방식은 정부(government)의 역할과 사회(society)의 역할이 협력적 거버넌스(collaborative governance)가 이루어지도록 하기 위해서는 주민이 '자치통치'권을 가지도록 역할분담을 해주면서도 정부와 협력할 수 있는 '공공교육[20]'이 필요하다.

---

18 의사결정과 집행의 관계에 따른 분류이다. 통상적으로는 정치행정일원론, 정치행정이원론에 해당한다.

19 기관구성의 제도발달역사에 의하면, 의회책임형에서 단체장책임형으로 발전한 것을 알 수 있다. 즉 행정의 전문화와 복잡화로 인하여 이를 통합조정할 책임을 단체장에게 맡길 필요에서 단체장 책임형이 나온다. 그리고 단체장도 선거로 선출함으로써 권한에 대한 민주적 정통성을 확보하였다. 한국에서는 의회책임형이란 단어보다는 의회주도형이라는 용어를 사용하므로 양자를 병기하였다. 지방자치발전위원회(대통령소속)의 기관구성다양화에 대한 보고서 참조.

20 이것이 시민성 교육이고, 실질적 민주주의 교육이기도 하다.

3

주민자치는 자치재원의 확보가 기본이고, 자치예산의 자율적 편성과 심의의결, 집행권을 가지고 있어야 한다. 주민자치와 관련된 직원의 채용, 인사고과, 승진도 권한을 가지고 있어야 한다. 물론, 이에 대한 명확한 책임과 운영에 대한 공개성, 투명성을 확보할 수 있도록 주민들과 소통하여야 한다. 이에 대한 법제와 공간, 문화를 형성하여 주어야 한다. 이것이 행정의 역할이다. 행정이 직접 관리하는 '일하는 방식'을 벗어버리고 지원하고 기반을 조성해주는 방식으로 거듭나야(born-again) 한다.

자치재원확보와 관련해서 가장 기본은 주민자치세를 신설하는 것이다. 주민자치센터의 프로그램운영을 하여 재원을 확보한다든지 마을기업이나 사회적 기업, 협동조합 등의 사업운영을 통하여 자체수입을 확보하는 것도 부수적인 것이다. 주민자치가 '공공자치'조직이라고 한다면, 영리적 활동을 하는 것이 주목적이 되어선 안된다. 사용료를 받고 서비스를 공급한다든지, 공공조직의 재정운영의 건전성을 확보하기 위하여 부분적으로 사업을 운영하는 공기업식의 운영방식을 채택할 수는 있지만, 공공조직 자체가 영리적 사업운영을 주도할 수는 없다. 어디까지나 부수적인 것이다.

주민자치회가 공공자치조직이라고 한다면, 구성원들로부터 기본적으로 자치세를 받아서 '공공회계'를 운영하여야 한다.

이러한 전제하에서 여기서 회비, 기금, 후원금에 대해서 생각해보자. 주민자치회의 구성원들로부터 받는 회비는 여기서 언급하였던 '주민자치관리세'와 유사한 개념이다. 후원금을 받을 수 있는가에 대해서는 현행 법제도에서 정치자금법이나 기부금법으로 1천만원 이상의 기부금을 모금하려면 행정자치부장관이나 시도지사에게 등록하여야 하는 절차를 거쳐야 한다. '기부금품의 모집 및 사용에 관한 법률(기부금품법)' 제4조에 의하면, 1천만원 이상 기부금을 모집하려는 자는 모집목적, 목표액, 방법, 기간을 작성하여 행안부장관 또는 시도지사에게 등록하여야 하고, 등록기간에 2주가 걸린다고 한다.

2010년도에 아름다운 재단이 결식아동제로 캠페인을 통해 방학기간에 결식아동에게 밥을 먹이자는 기부운동을 벌인 적이 있다. 당시 방학동안 결식아동에 대한 정부예산지원이 중단되자, 이것을 민간시민단체 운동으로서 기부금을 모집하여 결식아동에 대한 지원을 하려고 한 것이다. 그런데 당시 기부금액이 1천만원 이상이 되면, 위법이 되기 때문에 다시 등록을 해야 하도록 규제하고 있었던 것이다. 정부가 예산상의 이유로 지원하지 못하는 영역에 시민단체가 자발적으로 사회복지서비스를 공급하려고 하자 이것을 행정이 막는 '악역'을 하였다는 것이다. 왜 이처럼 행정이 시민사회의 자발적이고 자치적인 활동을 '규제'하고 통제하려고 하였던 것일까?

기부금제도와 관련하여 영미권에서는 기부자가 불법모금에 현혹되지 않고, 자율적으로 기부할 수 있도록 하는데 초점을 두고 있는 것인데 비해서, 한국은 정부가 중심이 되어 모금 목적이 무엇이고 모금액을 규제하는 '통제'하는 방식을 여전히 유지하고 있는 것이다. 이제는 지방자치를 '재도입'한지 25년이 되고 있는 시대에 더 이상 이처럼 '자치'영역에 대한 행정의 통제나 규제는 철폐되어야 한다.

기부금품법에 의하면, 1천만원 이상의 기부금을 받을 수 있는 것은 별도의 법률이 있어야 하는데, 사회공동복지모금회라든지 정치자금법, 결핵예방법, 보훈기금법, 문화예술진흥법, 한국국제교류재단법, 재해

구호법, 문화유산과 자연환경자산에 관한 국민신탁법, 식품기부활성화에 관한 법률, 한국장학재단설립 등에 관한 법률의 적용을 받는 경우이다. 즉 주민자치와 관련하여 1천만원 이상 기부금품을 받을 수는 없다는 것이다. 따라서 주민자치와 관련하여 기부금을 받아서 주민자치를 활성화하기 위해서는 주민자치와 관련하여 기부금품을 모금할 수 있는 법률을 가지고 있어야 한다.

한국에서 이처럼 기부금품에 대한 규제를 시작한 것은 1949년 당시 무분별한 모금요청에 대해서 일반대중을 보호하기 위한 '기부통제법'에서 시작되었다고 한다. 13번의 개정이 있었는데, 이제는 통제보다는 '올바른 기부문화'를 정착시키는 방향으로 제도설계의 거듭남이 필요하다.

2000년 이후에 한국에 기부문화가 활발하게 성장하고 있다. 시민의식도 높아지고 있고, IT나 SNS 등의 정보통신의 발달로 다양한 방식의 기부가 가능할 수 있는 토양이 형성되고 있다. 연중 모금을 전문적으로 하는 단체도 생겨났고, 온라인 플랫폼을 통하여 기부를 받는 것도 가능하게 되었다. 팝펀딩이나 개미스폰, 크라우딩펀드 등이 그것이다.

연중 모금을 전문적으로 하는 단체도 생겨났다. 현재의 기부금품법은 이러한 환경과 기술의 변화를 반영하여 만들어지지 않은 것 같다. 즉 현재의 기부금품법은 일정한 금액이 넘으면 수정등록을 해야 하고, 모집비용의 한도를 넘게 지출한 금액에 대해서는 법적 책임을 져야 하는 구조로 되어 있어 모금금액의 15% 이내로 사용하도록 규제되어 있다. 그런데 현재의 온라인플랫폼을 통한 기부금을 모집할 때는 한도를 지킨다는 것이 예상하기 어려운 것이다. 즉 현재의 기부금품법의 '규제'방식은 특정 모집행위를 중심으로 등록하도록 하고 있고, 과도한 행정규제를 하고 있어, 자치적이고 자율적인 시민기부문화의 형성이 어렵게 되어 있다는 점이다.

주민자치를 위한 자치적 재원확보를 위해서는 지역사회에 대한 사랑과 헌신을 통하여 이웃사랑을 실천할 수 있는 법제가 구비되어야 할 것이다. 주민자치회가 자치관리세를 통하여 기본적인 재원을 확보하지만, 기부금을 통하여 지역발전에 대한 지역사랑이 구현될 수 있는 보조적 법제도도 구비되어야 할 것이다. 지역사회의 독지가나 재력가, 마을 내 기업들이 지역발전과 지역사랑을 위하여 기부금을 주민자치회에 낼 수 있는 법제도가 필요하다. 행정도 이것을 인정해주는 인식전환이 필요하다. 그래야 주민자치영역이 행정으로부터 준독립성을 가지고 자율적으로 운영될 수 있을 것이다

4

지역에 대한 기부를 즐겁게 하기 위해서는 기부금이 지역사회의 인재를 키우고, 지역사회공동체에 대한 기부에 대한 공동체의 인정과 존경(respect)을 받을 수 있는 신뢰(trust)가 형성되어야 한다. 문제는 이러한 신뢰를 어떻게 형성할 것인가이다. 교회공동체(community church)의 경우에는 기부금에 대해 하늘의 상급이 있다라고 하는 믿음이 있는 것이지만, 주민자치공동체(residents-autonomy community)에서 어떻게 이러한 신뢰를 형성하게 할 것인가가 관건이다. 로마의 원로들이 공공시설을 지어서 자신이 직접 기부하는 전통이 있었다고 한다. 노블리스 오블리제의 전통도 있었다고 한다. 지역사회에서 이러한 지역리더십의 모범을 보이는 사람들

이 나타날 수 있는 분위기와 법제도를 만들어 주어야 할 것이다.

요컨대, 생각하면 생각할 수록 주민자치를 제대로 성공시키기 위해서는 행정관료제로부터의 주민자치 '독립'을 위한 지혜와 노력, 헌신이 필요한 것임을 알게 된다. 성공적인 주민자치는 행정관료제에만 맡겨두어서는 어려운 것이고, 다양한 전문성과 시민성을 가진 시민들의 지혜와 헌신을 필요로 하는 문제임을 알 수 있다. 진정한 지방자치발전은 풀뿌리민주주의의 토대라고 할 주민자치의 실질화에서부터 새롭게 시작해야 할 것이라고 본다. 기부금품을 주민자치를 위해서도 할 수 있는 법제를 마련해야 하고, 이를 위해 기부금품법의 제3조의 개정이 필요하다.

주민자치관련조례제정: 못하는 것인가 안하는 것인가

- 정부의 주민자치회 설립목적과 시범실시로 드러난 현실(현장)의 괴리를 해소하기 위한 조례방향제시 -

1

주민자치관련조례는 조례에 주민자치란 단어가 들어간다고 다 주민자치조례라고 하기는 어렵다. 주민자치는 현재 한국의 지방자치법상의 용어가 아니기 때문이다. 즉 한국의 지방자치법에서는 주민자치를 인정하고 있지 않은 듯하다. 왜냐하면 지방자치법에 주민자치를 직접적으로 언급한 적이 없기 때문이다. 또 지방자치법은 지방자치단체의 종류와 조직, 운영에 대한 사항을 정하는 것이 목적이지, 주민자치에 관해 규정한 법률이 아니다.

그렇다고 하면, 주민자치센터나 주민자치위원회라는 것은 과연 어떤 근거로 현재의 지방행정에서 사용되고 있는가? 주민자치센터는 시군구의 사무 중 주민의 복리에 관한 사무로서 열거된다. 즉 주민의 복리에 관한 사무의 10번째 읍면동사무소의 주민자치센터설치 및 운영에 관한 사무로서 언급되고 있는 것이다.

다시 말해 주민자치센터의 설치와 운영에 대한 사무는 시군구 지방자치단체의 '행정사무'인 것이다.

따라서 지금까지 시군구나 시도에 설치된 주민자치회나 주민자치위원회는 '자치사무'를 처리할 수 있는 조직이 아닌 것이다. 왜냐하면 법률적 근거를 가진 조직이 아니기 때문이다.

2

현재의 조례에서 주민자치회는 '동에 설치된 문화복지편익시설과 프로그램'인 것이지 주민들의 총회를 염두에 두고 있지 않다. 즉 주민이 자치회의 주권자가 아닌 것이다. 주민이 없는 시설과 프로그램에 불과한 것이 현재의 조례상의 주민자치회인 것이다. 다시말해, 현재의 조례에서 말하는 주민자치회는 이름만의 주민자치이지 실질적으론 주민자치가 아니다.

또 주민자치회의 원칙으로서 지역공동체형성이나 주민참여보장, 자치활동조장 등을 규정하고 있으나 이는 탁상공론에 불과하다. 또 주민자치회의 기능으로서 주민자치기능, 지역복지기능, 문화여가기능, 시민교육기능, 주민편익기능, 사회진흥기능 등을 규정하고 있으나, 시설이나 프로그램의 기능인 것이지, 주민자치총회나 주민자치회의 이사회, 혹은 주민자치회의 사무국의 기능은 아닌 것이다.

다시 말해 현재의 조례가 상정하는 주민자치회는 자치체로서의 기관구성을 염두에 두고 제도설계된 것이 아니다. 현재의 조례가 상정하는 것은 주민자치센터라고 하는 시설이나 프로그램의 기능이고, 원칙에 불과한 것이다.

따라서 전국의 시군구에 설치된 주민자치관련의 조례는 그 명칭이 '주민자치센터(혹은 자치회관)의 설치 및 운영에 관한 조례'인 것이지 주민자치회의 설치나 운영에 관한 조례는 아니다. 부산시의 자치구에 제정된 조례가 '주민자치회 설치 및 운영'에 관한 조례라고 하고 있으나, 실제로는 주민자치센터에 관한 조례와 다를바 없다.

또 당진시의 주민자치협의회설치운영조례(2015.1제정)에는 주민자치협의회라는 명칭이 최초로 등장한다. 즉 주민자치협의회는 '주민의 대표'로 구성되어 주민의 자치활동강화에 관한 사항을 수행하는 조직이라고 정의하고 있다. 이것은 주민자치에 대한 보다 실질적인 개념에 접근한 것이라고 평가할 수 있다. 그런데 어떤 연유인지, 현재는 당진시 주민자치센터설치 및 운영에 관한 조례(2016.1전부개정)만이 존재한다. 즉 주민자치협의회설치에 관한 운영조례를 폐지하였다는 것이다.

또 강원도주민자치활성화지원조례(2015.12제정)의 경우 '주민자치'를 정의하면서 역시 주민자치센터나 주민자치위원회, 혹은 비영리공익단체의 활동이라고 하고 있다.

요컨대, 현재의 주민자치 관련의 조례로서 주민자치란 용어를 사용하는 것을 살펴보면, 주민자치를 주민들이 근린생활구역의 주권자로서 총회를 구성하고 의사결정권을 행사하는 '진정한 주민자치'의 모습을 보이지 않는다는 것이다.

3

주민자치관련조례를 이렇게 '실질적으로 주민자치'를 규정하고 있는가라는 관점에서 보면, 현재의 조례 중에서는 찾을 수 없다는 것이다. 즉 현재의 지방자치법과 지방분권 및 지방행정체제개편에 관한 특별법(2013.5제정)만으로는 실질적 주민자치를 구성하는 조례를 만들 수 없는 것으로 판단된다.

실질적 주민자치를 가능하게 하기 위해서는 주민자치시행특별법(가칭)을 제정하고, 현재의 지방자치법에 주민을 근린생활구역의 주권자로 규정하고, 주민을 회원으로 하는 주민총회, 주민총회로부터 선출되는 대표자로 구성되는 주민근린의회, 근린생활구역의 자치사무를 집행하는 주민자치사무국, 주민자치관리를 위한 자치관리세 등으로 주민자치를 위한 '기관구성'을 명확히 법률로서 규정해야 할 것이다.

그런데 현재의 법률체계하에서는 자치관리세를 징수하는 조례를 만들 수 없다는 것이다. 또 근린생활구역에 거주하는 모든 거주자(혹은 세대)를 대상으로 하는 새로운 세원을 만들 수 없다는 것이다. 자치의 기본이 되는 세원을 만들 수 없다면, 실질적 주민자치는 어렵다고 보아야 한다.

법률가들은 조세법률주의로 인하여 법률의 형식이 아니고서는 주민들에게 의무와 부담을 주는 세원을 지방자치단체에서도 만들 수 없다고 한다. 즉 국회에서만 만들 수 있다는 것이다.

이 논리에 의하면 당연히 주민자치에 관한 세원을 규정하는 조례를 만들 수 없는 셈이다.

다음으로 기관구성에 대한 규정은 통상적으로 동창회나 학회 등과 같은 친목단체나 비영리공익단체에서도 기관구성에 활용하는 방식이다.

즉 구성원들 전체로서 이루어지는 총회가 있고, 이 총회에서 회장을 선거로 선출하는 것이다. 그리고 이 회장이 임원진을 구성하여 일정기간의 회무를 결정하고 집행하는 것이다. 회원들로부터 회비를 징수하고, 이 회비로 사무국을 두어서 회원들을 위한 서비스를 제공하는 것이다. 이것이 동창회나 학회 등의 기본적인 '자치 시스템'이다.

4

그러면 왜 이러한 '자치시스템'을 특별법(지방분권 및 지방행정체제개편에 관한 특별법)에서 도입하지 않았던 것일까? 이 법의 제정자들은 자치시스템에 대한 인식이 없었던 것일까?

특별법 29조를 보면, 주민자치회의 구성에서 주민자치회의 위원에 대한 규정이 나오고 이를 지방자치단체장이 위촉한다고 한다. 다시말해 주민자치회의 회원에 대한 규정이 없는 상태이다. 즉 주민없는 주민자치회라는 비판을 받는 이유이고, 주민자치회가 실질적 주민자치가 되기 어려운 이유이다. 즉 자치에 대한 철학이 없는 것이 아닌가 한다.

또 주민자치위원의 역할에 대한 규정도 '지역사회에 대한 봉사자로서 정치적 중립을 지켜야 하며'라고 하고 있다. 주민자치는 근린생활구역에 대한 의사결정과 근린생활서비스에 대한 집행, 그리고 근린생활구역에 대하여 규제를 할 수 있는 규정(rule)의 존재를 그 핵심적인 요소로 한다고 할 때, 특별법의 규정으로서는 주민자치를 할 수 없는 것이다.

그러면서도 제27조 주민자치회 설치의 목적으로서 '풀뿌리자치의 활성화와 민주적 참여의식 고양'이라고 하는 규정을 두고 읍면동에 해당

행정구역의 주민으로 구성되는 주민자치회를 둔다고 하고 있다.

여기서 법률 조문상에서도 모순이 생기는 부분이라고 할 수 있다. 즉 27조에서는 주민으로 구성되는 주민자치회를 둔다고 하면서 정작 주민자치회의 위원은 지방자치단체장이 임명한다는 것은 상호 모순이다. 주민을 주권자로 생각한다고 하면, 주민자치회의 위원은 주민들이 선출하는 것이 타당하다. 그런데, 주민들이 주권자가 아니라고 할 때, 읍면동의 통치자가 임명하게 되는 것이다. 문제는 읍면동의 통치자에 해당하는 것이 특별법에 의하면 시군구의 단체장이 되는 셈이다.

이것은 읍면동지역의 자치를 하려는 것이 아니다. 시군구의 지방자치단체장이 읍면동의 주민자치회의 위원을 위촉한다는 것은 시군구의 행정구역으로서 읍면동을 인식한다는 것이지, 시군구로부터 자치권을 위임받거나 위탁받은 '읍면동의 자치'를 하는 것은 아닌 것이다. 다시말하면, 현재의 한국의 읍면동에는 특별법에 의하더라도 읍면동에 주민자치를 하려는 법률제정자의 의도가 전혀 없는 것으로 판단할 수 밖에 없다.

그렇다고 하면, 주민자치라는 단어를 사용해선 안될 것이다. 읍면동 행정에 주민들의 일부를 참여시키는 것에 불과하다.

5

행자부(구 안행부)의 주민자치회 시범실시 표준조례(안)을 보면, 이 조례안의 목적이 특별법의 27조 규정에 따라서 풀뿌리 자치의 활성화와 민주적 참여의식 고양을 위하여 주민자치회의 설치 및 운영에 관한 것이라고 하여, 주민자치를 명확히 사용하고 있다.

그리고 2조의 정의에서 주민자치회란 읍면동에 설치되고, '주민의 대표'로 구성되어 라고 명확히 밝히고 있다. 이것은 주민자치의 실질적인 구조를 도입할 수 있는 규정으로 보인다. 즉 주민의 대표이므로, 주민들의 총회가 있을 것이고, 이로부터 대표를 선출하여 대표권을 가진 주민근린의회의 구성을 상정한다고 생각할 수 있다. 그렇다고 하면, 여기서 의사결정이나 읍면동 조례의 제정이 가능하고, 자치세의 부과도 가능할 수 있을 것이다. 즉 대표권을 가지는 사람들은 조세의 징수를 할 수 있는 것이기 때문이다.

하지만 다음구절에서 이것은 불가능함을 알 수 있다. 즉 주민자치회는 '주민자치센터를 운영 등 주민의 자치활동 강화에 관한 사항을 수행하는 조직'으로 정의하고 있기 때문이다. 즉 주민자치회의 자치권이 통용되는 공간은 '주민자치센터'에 불과하고, 읍면동 행정구역이 아니라는 것이다. 읍면동의 행정구역에 대한 행정권이 여전히 읍면동장에게 위임되어 있다는 지방자치법의 규정이 살아 있는 셈이고, 읍면동의 행정사무의 극히 일부에 불과한 주민자치센터의 공간에만 주민자치권을 부여한다는 의미이다.

또 주민자치회 위원이란 '읍면동의 주민들 대표하는 주민자치회의 구성원을 말한다'고 규정하고 있지만, 주민자치회 자체가 자치할 수 있는 공간이 주민자치센터라는 물리적 공간에 불과하다면, 읍면동의 행정공간에 자치를 할 수 없다는 것이다.

결론적으로 현재의 지방자치법이나 특별법으로서는 주민자치를 실질적으로 할 수 있는 조례를 제정할 수 없다. 즉 주민자치 실질화를 위한 조례를 제정하지 못하는 것이다.

6

주민자치를 실질적으로 시행하기 위해서는 주민자치의 개념과 철학, 기관구성, 자치를 통한 근린생활서비스의 종류와 세원, 기존의 행정기관과의 관계, 지방자치단체와의 관계, 국가와의 관계를 새롭게 정립해 주어야 한다. 즉 현재의 행정시스템의 패러다임 전체를 혁신(innovation)하지 않으면 안된다. 혁신은 과학기술에서만 필요한 것이 아니라, 행정의 시스템과 일하는 방식, 공무원의 사고방식과 관행에서도 혁신(innovation)이 일어나야 한다. 고도성장시기에 구축된 행정관리 시스템은 저성장시대에 더 이상 그대로 작동하게 방치해선 안된다. 행정이 읍면동이나 아파트단지까지 하나하나 법령으로 규제하고 통제하려고 해선 과부하에 걸린다. 행정의 낭비와 중복으로 인해 정부예산이 줄줄 새는 것이다. 법규대로 집행하려고 하면 할수록 예산낭비가 더 심각해지고 있다는 인식을 시민들은 하게 되어 정부신뢰가 오히려 떨어지는 현상도 생긴다. 집행을 담당하는 공무원은 규정되고 했으니 책임이 없다고 생각하나, 시민들은 정부예산이 낭비되고 있다고 느낀다.

공공관리를 하는 방식을 바꾸어야 한다. 공직이 일하는 방식을 바꾸어야 한다. 공공행정이 근린생활서비스까지 규제하고 규율할 수 없다. 오히려 근린생활서비스는 구역의 주민들이 스스로 규정을 정하고, 이에 따라 부담도 하고, 대표자도 뽑아서 의사결정하는 실질적 '자치'를 하도록 해주어야 한다. 이를 위해 행정법체계의 전면적 리모델링이 필요하다. 현재와 같이 일제식민지시대의 유산인 상당히 뿌리깊게 남아 있는 대륙계 행정법체계를 패러다임전환시켜야 한다. 주민자치의 전통이 살아 있는 영미법계의 행정법체계로 패러다임을 새롭게 제도설계해야 한다. 그 시작이 바로 주민자치회의 기관구성에서부터 제대로 이루어져야 할 것이다.

이미 주민자치회 시범실시의 문제점에 대해서는 '제3회 주민자치실질화 대토론회'(2016.1.12, 국회)에서 잘 정리되어 있다. 주민관치에서 주민자치로 패러다임을 바꾸자는 것이고, 주민총회를 결성하고 의결집행기능이 있어야 한다(강원도주민자치회대표회장), 주민자치위원 선정권을 주민에게 돌려달라(충청북도주민자치회회장), 현행주민세를 주민자치회 재원으로 만들어달라(전라북도주민자치회회장), 주민자치법 올해 통과시켜 줄 것을 강력촉구한다(전라남도주민자치회회장), 주민자치특별법만드는데 총력을 결집해야 한다(경상북도 주민자치회대표회장) 등의 의견을 제시하고 있다.

현장의 주민자치위원회의 활동을 하고 있는 주민의 리더들의 의견을 반영하기 위해서는 주민자치법의 제정이 선결조건이다. 이것이 없이 주민자치관련의 조례를 제정한다고 하더라도 현재의 수준에서 크게 벗어나지 못한다. 즉 주민자치센터라는 물리적 공간에 대한 자치권의 위임에 불과한 것이다. 읍면동구역에 대한 주민자치를 진정으로 하려고 한다면, 행정권을 시군구로 철회하고, 이 공간에 자치권을 부여하여 주어야 한다. 그리고 주민들이 주권자가 되어 최소한 근린생활구역내의 자치를 할 수 있도록 법제도를 만들어 주어야 한다. 그 다음에 조례를 제정하는 것이 순서이다.

주민자치회 관점에서 바라본 마을공동체

- 주민자치회와 마을공동체 관계설정 어떻게 할 것인가 -

1

주민자치는 자각한 시민과 조직하는 시민이 생활공공서비스를 공급하는 제도화과정을 의미한다. 주민자치는 주민의 자기통치과정이라고 할 것이다. 자치란 원래 시민들이 공동체의 의사결정에 대한 참여(participation)를 기반으로 한 타협과 협상의 정치라고 할 것이다. 이 점에서 자치는 정치와 본질을 공유하는 개념이다. 즉 다스림이란 본질을 공유하고 있는 것이다.

이에 비해 마을공동체는 마을이란 공간을 중심으로 형성된 수개의 마실(neighborhood, 집들이 수개 모인 것을 마실이라고 함, 이웃의 의미)들이 결합된 것을 의미하고 공동체(community)는 유대감과 호혜성을 가지고 한 몸으로서의 유기적 이웃들의 모임을 의미한다.

마을들의 중심지가 고을이 되고, 이것은 곧 도시라고 하기도 한다.

집(home) ⇨ 마실(neighborhood) ⇨ 고을(rural) ⇨ 도시(urban) ⇨ 지역(region) ⇨ 지방(local) ⇨ 국가(state)

마실(neighborhood)에 대해서 워렌(Warren)이란 학자는 6가지의 유형화를 하고 있다. 짜인(integral)마실, 끼리(parochial)마실, 느슨한(diffusion, contrived, 짜맞춘) 마실, 징검다리(stepping stone)마실, 뜨네기마실, 모래알(anomic) 마실이 그것이다. 이 중 징검다리마실이나 뜨네기마실, 모래알 마실은 공동체라고 하기도 어려운 것이다.

짜인 마실은 공식관계와 비공식관계가 균형을 이루고 상위단계인 고을이나 지역(region) 혹은 지방(local)과도 유기적 관계를 유지하는 것이다. 구성원간에 1차적 관계가 빈번하면서 적극적이고 자발적인 결사체이다. 끼리마실은 특수한 규범을 가지고 있는 마실로서 내적 접촉은 빈번하고 친밀하지만, 외부접촉은 매우 방어적인 마실이다.

느슨한 마실은 마실에 대한 애착이 없고, 자기의 이해관계에만 관심을 가지고 있는 것이다. 예를 들면 대단위 아파트단지에 사는 주민들을 마실이다.

마을은 이러한 마실들의 모임을 의미하므로, 마을을 구성하는 마실들의 유형이 어떤 것인가와 구성비율이 어떠한가에 따라서 마을이 공동체가 되는 경우도 있지만, 공동체로서의 속성을 가지지 못하는 것이 있을 수 있다. 즉 마을이 주로 짜인마실로 이루어진 경우에는 마을이 공동체를 이루고 자치체로서 발전하고 성장할 가능성이 높지만, 마을을 구성하는 대부분의 마실이 끼리마실이나 느슨한 마실인 경우에는 마을 공동체로서 발전해 나가기가 어려울 수 있다.

이 경우에는 자치체로서 발전하기도 어렵다. 자치체는 공동체보다도 개념적인 구조화와 조직화의 단계가 높은 개념이라고 할 것이다.

즉 자치체는 공동체가 자기입법과 자기통제가 가능한 정도의 조직화와 제도화가 이루어진 것을 의미하고, 지방정부는 이러한 자치체들이 일정한 지역에 대한 자치권(autonomic authority)을 가지고 통치를 분담하는 조직이라고 할 것이다. 각각의 조직체를 구성하는 규모(size)에서도 차이가 있다. 공동체에서 자치체, 지방정부로 갈수록 구성원의 숫자가 커진다. 한국의 경우 지방정부 혹은 지방자치단체는 평균 20만의 인구규모를 가지고 있고, 비도시권의 경우 2만명의 경우도 있다. 도시지역과 비도시지역의 인구규모의 편차가 매우 크다고 할 것이다. 반면, 공동체는 수십명 혹은 수백명을 그 규모로 할 것이고, 수천명을 넘을 경우에는 공동체로서의 하나됨을 유지하기가 쉽지 않을 것이다.

공동체 ⇨ 자치체 ⇨ 지방정부 ⇨ 중앙정부

다시 말해 공동체로서의 마실에도 다양한 유형이 있어서 공동체다운 마실이 있는가 하면, 공동체로서의 본질에서는 먼 마실도 있다는 것이다. 그만큼 집들이 모인다고 해서 공동체가 다 되는 것은 아니라는 것이다.

따라서 공동체로서 공동체답게 되기 위해서는 공동체의 속성을 알아야 하고, 그러한 속성을 구비하고 있는가를 조사하고 분석하여야 하는 것이다. 공동체란 유대감과 호혜성을 가지고 있어서 하나의 공동운명체를 이루고 있는 것을 의미한다. 공동운명체이기 때문에 타인의 아픔이 나의 아픔이 되고 타인의 즐거움이 나의 즐거움이 될 수 있어야 하고, 이것은 서로간에 유대감과 호혜성이 있어야 한다는 것이다.

그렇지만 이것이 가능하기 위해서는 상대에 대한 사랑이 있어야 하고, 상대를 위해서 자기의 이기심을 절제하고 희생할 수 있어야 한다. 이것은 인격의 문제이고 윤리의 문제이다. 또 이것이 가능할 수 있는 역량도 구비되어 있어야 하는 것이다. 한마디로 공공성을 가진 성숙함을 가지고 있어야 하는 것이다.

마실이 공동체다운 마실 즉 짜인마실이 되기 위해서는 공동체를 규율하는 규범이 있어야 하고, 보다 큰 단위의 공동체와 열린 공동체여야 한다. 규범을 만든다는 것은 공동체가 입법기능을 가지고 있고, 이를 집행할 수 있는 집행조직을 구성하여야 한다는 것이다.

바로 이렇게 될 때, 짜인마실은 자치체가 될 가능성이 있다. 즉 구성원들이 일정한 회비를 내어서 공동체를 위한 사업을 벌이거나 서비스를 공급하기로 하고, 이것을 공동체의 규범에 따라서 추진할 대표자와 사무국을 둘 수 있다면, 자치체가 될 수 있는 것이다

그리고 자치체의 의사결정기구를 구성하는 대표자들을 구성원들이 참여한 공동의회나 총회에서 선출하고, 이들에게 예산을 운영할 권위를 부여하며, 실무를 처리할 사무국의 직원을 채용하고, 직무를 부여하는 조직권을 가지고 그 결과를 감독할 감사권을 가진다고 하면, 하나의 자치체가 될 수 있는 것이다

한편, 이러한 자치체가 중앙정부로부터 법률에 의하여 일정한 구역(district) 혹은 지역(region)에 대한 자치권을 부여받으면 지방정부가 될 수 있는 것이다.

2

현재 한국의 주민자치회는 읍면동이라고 하는 행정계층에 설치되어 있으므로, 공동체의 성격을 가지기가 매우 어렵다. 도시지역의 동의 인구규모는 2만에서 5만명에 이르고, 비도시지역인 면과 읍에서도 수천 명에 이른다. 즉 인구규모 자체가 공동체를 이루기에는 지나치게 크다. 그렇다고 지방자치단체라고 하기도 어렵고 지방정부라고 하기에는 더욱더 어렵다. 한국의 지방자치의 역사를 보면, 1952년 지방자치가 최초로 도입될 때는 읍면동도 선거로 선출을 하였고 동회라고 하는 주민들의 선거에 의한 대표조직이 있던 시기도 있었지만, 1991년 지방자치의 재도입시기에는 읍면동은 행정계층이었기에 국가행정의 지역 하부행정기관에 불과할 뿐, 주민들의 자치공간은 아니었다.

1998년부터 동주민센터에 설치한 주민자치위원회는 임의기구였기에 주민들의 느슨한(diffusion, contrived, 짜맞춘) 공동체에 불과하였다. 즉 주민자치체로서의 역할과 기능을 할 것이 기대되지만, 실제로는 주민자치로서의 기능과 역할을 하고 있지 못하였던 것이다.

이러한 이중구조를 해결하기 위하여 2013년 행정자치부와 대통령소속 지방자치발전위원회는 주민자치회의 시범실시를 추진하였던 것이다. 그렇지만 여기서도 여전히 '주민없는 주민자치'라고 하는 비판에서 자유로울 수 없었다.

한국에서 현재 주민자치가 제대로 역할을 하지 못하는 것은 그 규모가 너무 크다는 지적도 있고, 주민자치가 자치체로서 제대로 구성되기 위해서는 그 풀뿌리에 해당하는 공동체가 짜인 공동체 혹은 짜인 마실이 되어야 하는데, 그러한 공동체가 거의 없기 때문이라는 지적도 있다.

특히 도시지역은 마을공동체가 거의 붕괴되었고, 느슨한 마실이 되어 있으며, 심지어 뜨네기 마실이나 모래알 마실이 되어 있기에 주민자치를 하려고 해도 자치체를 구성하기가 어렵다는 것이다. 즉 주민들의 참여(participation)자체가 거의 없기에 공동체로서 형성되기도 어렵다는 것이다.

즉 주민자치도 어려울 뿐만 아니라 마을공동체도 도시지역에서는 거의 형성되기가 어려운 것이 현실이란 것이다. 그럼에도 불구하고 국가행정의 필요에 의하여 주민자치위원회를 만들어서 주민자치를 하려고 하니, 주민이 없는 관치의 주민자치위원회가 되어 버렸다는 것이다. 그래서 결과적으로 주민자치위원회는 지역의 유지들의 월례모임정도의 역할을 하는데 그치고 있고, 읍면동행정이 그 필요에 따라서 주민들을 동원하거나 주민에게 행정사항을 전달하는 통로로서의 기능에 그치고 있는 것이 아니냐는 것이다.

이런 반성에 기반하여 2010년부터 주민자치를 제대로 하기 위하여 특별법을 만들고, 주민자치회를 새롭게 시작하려고 시범실시를 해 왔던 것이다. 그런데 이것도 어찌보면 행정의 시군구 통합이라고 하는 목적을 달성하기 위한 수단적 성격을 가진 것으로 평가하기도 한다. 이렇게 되어서는 주민자치 자체를 진정으로 발전시킬 '자치정책'이 아니라는 것이다.

즉 정책의 목적 자체가 주민자치를 제대로 발전시키고 개발하려고 하는 것이 아니라, 다른 행정목적을 달성하기 위한 수단적이었던 것이기에, 주민자치가 합목적적으로 제도설계되기 어렵고, 이 정책을 추진하는 담당조직도 그 전문성이나 우선순위, 예산배정 등에서 하나의 제대로 된 정책으로서 장관의 책임하에 추진되는 것도 아니라는 것이다.

주민자치정책이 겉돌 수 밖에 없는 현실은 바로 이러한 배경에서 연유하는 것이라고 판단된다.

3

한편, 이런 한계 속에서 마을공동체는 다른 필요에 의하여 주민들에 의하여 시작되었다고 할 수 있다. 서울의 성미산 마을공동체를 보면, 처음에는 공동육아의 필요성에 의하여 시작되었다고 한다. 1990년대 초반 대여섯 가구가 공동육아의 필요성에 의하여 어린이를 돌보는 공동체로서 시작되었고, 이들이 서로 협력하여 육아서비스를 공급하다보니, 대안교육에도 관심을 가지게 되었다고 한다. 또 유기농 식자재에 대한 관심에서 소비자협동조합도 시작하였고, 이들이 마을에서 서로 유기적인 관계를 가지고 마을문제에 관심을 가지다 보니, 성미산지키기라는 생태마을운동에도 참여하게 되었으며, 마을극장, 마을신문, 마을방송국 등까지 진출하게 되었다는 것이다.

성미산마을공동체는 마포두레생협이라고 하는 마을기업 1호를 기반으로 동네부엌, 성미산차병원, 성미산밥상 등 다양한 커뮤니티 비즈니스(CB)도 만들어지게 된 플래그쉽이 되었다고 한다.

성미산 마을공동체는 주민들의 생활의 필요에 의하여 다양한 자치적 조직을 만들었고, 이들이 보육, 마을경제, 환경, 먹거리 등의 다양한 생활자치서비스를 공급하는 역할을 담당하고 있는 것이다. 짜인마실로서의 역할을 수행하고 있는 것이다.

이것이 하나의 벤치마킹이 되어서 서울시에 마을공동체를 만들어서 사람이 살아 있는 도시를 만들겠다는 정책으로서 시작된 것이 '서울시 마을공동체만들기' 정책이다. 지난 4년간 박원순 시장이 가장 역점을 둔 서울시 정책의 하나로서 현재 마을공동체 만들기에 참여한 시민들이 연인원으로 10만명이 넘고 자치구마다 수십개의 마을공동체들이 형성되었다고 한다.

4

주민자치의 관점에서 보면, 이러한 현상은 매우 고무적인 현상이다. 즉 주민자치가 제대로 이루어지지 않았던 것은 공동체가 풀뿌리에서 제대로 발달되어 있지 않기 때문이고, 그것도 짜인 공동체 혹은 생활자치서비스를 공급할 수 있는 공동체가 제대로 발달되어 있지 않기 때문이라는 진단을 하고 있었던 것인데, 이러한 마을공동체의 형성은 매우 고무적인 현상이라고 보는 것이다.

서울시의 경우 자치구마다 형성된 수십개의 마을공동체들이 자신이 거주하는 지역의 마을문제 혹은 읍면동의 문제에 관심을 가지고 참여(participation)하게 된다고 하면, 풀뿌리를 가진 주민자치회가 될 수 있는 가능성이 있기 때문이다.

또 최근에는 자치구별로 혹은 서울시차원에서도 주민참여예산제도를 통하여 마을단위 혹은 통이나 아파트단지단위로 그 지역에서 근린생활지역의 문제를 제안하여 예산으로 반영될 수 있는 제도적 장치들이 도입되고 있는데, 여기에 마을공동체의 대표들이나 위임을 받는 구성원이 참여하게 된다면, 매우 영향력있는 주민참여가 될 수 있는 것이다. 즉 Arnstein의 참여의 8단계에서 실질적 참여단계가 될 수 있는 가능성이 열리게 되는 것이다.

최근에는 마을계획수립과정에 주민들의 참여를 마을만들기사업이나 주민자치회사업의 주요한 사업으로 제시하는 경우가 있다. 즉 마을의 다양한 부존자원을 조사하고, 이를 바탕으로 그 마을이 필요로 하는 공공서비스의 수요를 파악하여 이를 자치적으로 공급할 수 있는 혹은 상위자치정부의 지원을 받아서 공급할 수 있는 자치적 혹은 참여적 사업이다. 유사한 것으로는 '주민참여형 지구단위계획' 등도 근린생활지역에 거주하는 주민들의 의견을 듣고 반영하고 조정하면서 지구단위의 개발도 추진하려는 단계까지 서울시의 도시계획행정이 발전하고 있다.

또 하나 주민자치의 관점에서 매우 고무적인 것은 서울지역에 4천개 정도가 있다는 아파트단지가 사실은 근린생활공동체이고 주민주도형의 주민자치조직이라고 하는 점이다. 주택법에 의하여 아파트입대위가 사실은 공동시설을 관리하기 위한 조직이지만, 이러한 기능 외에 근린생활공동체로서의 유대감과 호혜성을 가질 수 있도록 주민간 소통기능, 상호부조기능 등을 추가하고, 육아보육시설이나 체육문화시설, 지역생활경제나 유통시설을 설치하여 보다 편리하고 쾌적한 지역만들기나 지역발전을 도모할 수 있는 것이다. 이러한 기능이 사실은 주민자치체가 수행하는 주요한 기능이라고 할 것이다.

현재, 주민자치회나 주민자치위원회는 그 구역단위가 주민자치를 하기에는 너무 크다는 것이다. 즉 규모(size)가 주민자치로서는 적절하지 않은 것이다. 자치단체 혹은 자치정부가 수립되어야 할 정도의 규모라는 것이다. 반면, 마을공동체로서의 성격을 가지는 성미산마을만들기나 아파트단지공동관리조직으로서의 입주자대표회의와 관리사무소 시스템은 상당한 자치력과 자생력을 가지고 있는 것으로서 '자치적' 본질을 상당히 구비하고 있다는 점이다. 다시 말해 마을공동체만들기 사업과 아파트단지공동주택관리정책은 '주민자치정책'으로 승화발전시켜 연계되도록 제도설계되어야 한다. 이것은 주민자치를 위해서도 가장 긴요한 정책방향이라고 본다.

3부

제언 및 해외

9장 정부추진안에 대한 제언
10장 일본 사례
11장 한국 사례: 세종특별자치시

• 주민자치 정책제언 1

정부가 추진 중인 주민자치회에 대한 제언

1. 주민자치의 제도환경적 검토

고도성장시기에는 국가행정의 효율성이 중요하였고, 상당한 성과를 거두었다. 그러나 저성장시대에는 국가행정의 패러다임은 오히려 행정의 중복과 낭비를 초래한다. 저성장시대에는 고성장시대의 방식을 해체하고 신성장방식을 모색해야 하는 것이다. 물론 패러다임 혹은 제도라는 것이 시차(time lag)가 있어서 현실은 새로운 패러다임을 도입해야 하지만, 기득권이나 관성으로 인해 옛 패러다임이 그대로 잔존하고 있어서 생기는 행정낭비가 발생한다. 이 시차를 가능한 줄이기 위해서는 저성장시대에 부합하는 행정의 패러다임을 설계해야 한다.

고성장시대에는 자본의 논리가 우선한다. 그러나 저성장시대에는 더 이상 자본의 논리는 더욱더 시민의 삶의 질을 힘겹게 한다. 이것이 바로 부동산가격하락, 미분양적체, 부동산기반의 가계자산축소, 부동산담보대출의 부실화 등의 현상으로 나타난다. 저성장시대에는 도시재개발의 거품이 꺼지는 것이다. 마천루의 저주라는 말이 있다. 실물경기는 불황인데, 이전의 활황시기의 호황의 유동성이 대규모부동산개발붐을 지속시키지만, 건설기간이 오래소요되어 건축이 끝날 무렵에는 투자금의 회수가 어려워 쪽박을 찬다는 것이다. 롯데제2월드는 한국경제의 호황기의 자본이 실물경기의 불황에도 불구하고 추진된 사례로 여겨지지 않을까 우려의 눈으로 보는 사람들도 있다.

그렇다면 저성장시대에 행정관리를 어떻게 해야 할 것인가? 바로 저성장을 안정화시키는 것이 필요하고 이것은 양적 성장이 아니라 질적 성장으로서 사람중심의 도시발전을 지향해야 한다는 것이다. 개발논리에서 정비논리로, 생산가치우선에서 분배가치우선으로, 용적률논리에서 공동체(community)논리로 전환해야 한다는 목소리가 학자들간에 제시되고 있다. 관료적 자치논리에서 '시민자치의 논리'로 전환되어야 한다는 것이다.

주민자치도 바로 이러한 시대적 요청에 부응하는 것이다. 단체자치 정도에 그쳤던 지방자치를 주민이 지역의 주인되는 주민자치의 패러다임을 실질적으로 도입하는 것이 바로 저성장시대의 행정관리의 방향인 것이다.

도시행정과 도시정책을 통하여 공공서비스를 공급하는 방식의 전환이 필요한데, 정부보다는 시민, 통치보다는 참여(participation), 하드웨어보다는 소프트웨어, 생산보다는 복지에 공공성의 가치를 두어야 한다는 것이다. 이것이 저성장시대의 행정하는 방식이라고 할 것이다. 여기서 바로, 성장과 통치시대에 객체였던 주민들이, 지역과 생활권역의 공공서비스 공급에서 주인으로서 참여하고 의사결정하고 집행을 위한 조직화를 스스로 할 수 있어야 한다. 그리고 이에 대한 책임성과 투명성을 확보하여 '권한과 책임의 순환성과 내재성'을 확보함으로써 지역의 외부로부터 규제와 간섭, 통제를 굳이 받지 않아도 되는 정치시스템이 구축되어야 하는 것이다.

이러한 대안적 행정의 일하는 방식이 도입되기 위해서는 다양한 환경적인 제도적 변수들이 개혁되어야 한다. 중앙정부와 지방자치단체간의 정부간관계에서 역할분담과 관계재정립, 토건재정의 축소, 지방세원확충 등이 필요하고, 도시의 자치권을 확보하기 위하여 도시특별자치법의 제정, 커뮤니티자치의 강화, 주민참여제의 다양화, 지역정당제의 도입 등이 도시정책연구자들에 의하여 제시되고 있다. 교육과 관련해서도 통합적 대안교육, 교육자치의 민주화 등이 제시되고 있고, 복지관련해서도 커뮤니티 단위에서 교육, 일자리, 사회서비스가 통합하여 전달되는 시스템이 구축되어야 한다고 한다. 도시개발과 관련해서도 개발이익의 공유, 공동체성을 구현하는 도시개발, 참여형 도시개발, 도시계획제도의 민주화 등이 제시된다.

주민자치가 제대로 한국사회에 정착되기 위해서는 주민자치제도만을 도입하거나 설계한다고 주민자치가 제대로 작동하기 어렵다. 즉 주민자치를 둘러싸고 있는 다양한 제도환경적 변수들을 바꾸어서 주민자치가 작동할 수 있는 여건을 마련해주어야 하는 것이다. 즉 주민자치제도의 개혁은 제도환경적 변수들과 일체적이고 연동된 '자치분권개혁'이 동시에 이루어져야 할 것이다.

주민자치회를 제도설계하거나 주민자치에 관한 법률을 제정하는 정책참여자들은 이 점을 명심하고 제도환경적 변수들을 개혁하는 참여자들과 협력하고 가치를 공유하면서 추진해나가야 할 것이다.

2. 행정과 자치의 관계재정립

행정자치부에서 내년부터 실시하려고 하는 주민자치회는 협력형보완모델과 통합형이다. 협력형보완모델이란 주민자치회시범실시의 협력형에서 첫째, 주민자치회에 공무원을 파견하고 유급사무직원을 채용한다는 점 둘째, 읍면동사무 중 주민생활밀접사무의 협의기능을 부여한다는 점 셋째, 분회에서는 통합형을 도입하여 사무기구(임의)를 설치할 수 있다는 점이다.

통합형은 읍면동 사무소를 주민자치회의 사무기구로 전격적으로 전환한다는 점이다. 그리고 주민자치회가 근린자치기구에 대한 지휘감독권을 가진다. 여기서 현재의 읍면동 사무 중에서 시군구로 회수되지 않은 자치사무는 직접 처리한다는 것이다. 그리고 시군구나 시도, 국가사무 중에서도 위탁사무나 위임사무는 처리할 수 있다. 그리고 주민화합과 지역발전을 위한 주민자치기능을 수행한다.

여기서 행정과 자치의 관계를 정리해볼 필요가 있다. 자치행정과 주민자치와의 관계는 어떻게 되어 있는 것일까? 자치행정이 주민자치회의 위원을 위촉하고, 위원들의 직무, 구성 등을 법률로 정한다고 한다. 그리고 위원은 지역봉사자이고 정치적 중용을 지켜야 하며, 권한남용을 방지하는 규제를 받는다고 한다.

자치는 정치적 중립성 혹은 무당파성(non-partisan)을 명확히 규정해야 한다. 그래서 자치를 담당하는 위원들은 정당소속을 해서도 안되며, 정파적인 정견에 치우쳐서도 안된다. 오직 지역의 공익을 위한 대변자가 되어야 한다. 이것이 전제되지 않으면 주민자치회는 성립하기 어렵다. 재정사용에 대한 권한을 부여하기 어렵다는 점이다. 생활자치이기 때문에 비정당인이어야 한다. 물론 개인적으로 정치적 성향이 없을 수는 없는 것이지만, 공무원의 정치적 중립성을 요구하는 것과 같이 '자치인(autonomy councilman)'의 정치적 중립성은 반드시 확보되어야 한다. 그리고 이들은 지역자치의 전문성을 가지고 있어야 한다. 후보로 나올 때는 전문성에 대한 점검이 필요하다. 이를 위해 주민자치회를 위한 전문분야를 나누고, 각 분야별로 자신의 전문성을 특정하면서 주민자치회의 위원으로 출마해야 할 것이다. 전문성없이 주민자치회의 위원으로 출마한다면 이는 주민자치회의 역량을 하향평준화시키는 것이 될 것이다. 즉 주민자치회는 전문성을 전제한 대표성을 가진 공간이 되어야 한다. 따라서 이들은 주민자치회의 전문위원회인 인사, 예산, 환경, 기획조정, 방범, 조경 등의 분야의 위원장으로서 활동할 수 있고, 분과위원회의 위원장은 자신의 전문성을 보완해 줄 수 있는 지역의 인재들을 발굴하고, 위촉하여서 3-5인의 위원회를 구성할 수 있다. 혹은 출마할 때, 개인으로서 출마하는 것이 아니라 함께할 전문위원들의 예상리스트를 제시하면서 자신이 주민자치회의 위원으로 출마하는 것을 명시하는 것도 하나의 방법이다. 그리고 명확한 전문분야에 대한 지역문제와 이에 대한 원인분석, 그리고 추진정책전략을 공약으로서 제시할 수 있을 것이다. 이렇게 주민자치회의 위원선거는 한국의 풀뿌리민주주의의 수준을 일신(一新)하는 것이어야 한다.

이렇게 함으로써 행정이나 자치행정에 대하여 비교우위에 서야 한다. 그리고 민주적 정당성과 전문적 정당성을 가져야 한다. 주민자치회 위원들의 선출제도와 과정을 설계(design)하는 것이 '거듭난(born again) 주민자치회'의 본질이다.

행정은 이러한 주민자치회에 대해서 수평적 관계를 가지고 공공서비스 공급에 대한 참여권한을 부여해야 한다. Arnstein이 말한 실질적 참여가 가능하도록 참여에 있어서 대등협력(partnership), 권한위양(delegated power), 시민통제권(citizen control)을 부여하여야 한다.

즉 주민권력적 참여(citizen power)을 부여하여야 한다. 이렇게 되면, 행정이나 자치행정에 대한 '진정한 참여행정'이 가능하게 된다. 즉 주민자치는 실질적 참여가 보장되어야 비로서 작동하는 개념이다. 공동체보다 훨씬 고급의 개념이고, 대의민주제의 한계를 극복하는 제도적 장치이기도 하다. 숙의민주주의(deliberative democracy)가 제대로 작동할 수 있는 공간(space)이기도 하다.

행정계층과의 관계

또 행정계층과의 관계를 살펴보자. 자치행정계층은 시도-시군구-읍면동-통리의 4계층으로 구성되는데, 분회의 설치는 통리단위에 설치한다고 한다. 그리고 분회는 주민자치위원회를 두도록 하고 있고, 사무기구를 임의설치하도록 하고 있다. 이것은 현재의 통장제도를 개혁해야 한다는 의미이다. 현재와 같이 동장이 임명하거나 형식적으로 공개모집하여 동장이 임명하는 식이어선 안된다. 역시 통리단위의 주민들로부터 민주적으로 선발되어야 한다. 그리고 민주적 정당성을 가져야 할 것이다. 이것은 주민자치회의 풀뿌리 민주주의를 견고히 하는 공간이기도 하다. 자치는 가장 주민과 가까운 곳에서부터 시작한다. 이것이 보충성의 원칙(the principle of subsidiarity)이다.

주민자치회의 정체성

마지막으로 주민자치회의 정체성에 대한 논의이다. 주민자치회는 지역의 근린의회(neighbor council)로서의 성격을 가져야 한다는 것이다. 단지 주민자치위원들의 모임이어서는 1998년 이후에 임의로 설치된 주민자치위원회와 별로 달라진 것이 없다는 점이다. 즉 주민자치회의 위원들은 주민자치위원회의 위원과는 본질적으로 그 위상이나 성격이 달라야 한다는 점이다. 주민자치회는 근린의회의 일종으로 발전시켜 나가야 하고, 근린의회의 상임집행위원회로서 주민자치위원회를 두어야 한다는 것이다. 그리고 필요하다고 하면, 주민자치회의 예산위원회, 인사위원회, 환경위원회, 기획조정위원회, 방범위원회, 조경위원회 등 전문분야별로 주민으로 구성된 전문가들이 모이는 위원회를 둘 수 있어야 한다. 그래야 대표성과 전문성을 가진 주민자치회가 될 수 있을 것이다.

주민자치회의 위원들은 통리별로 1인을 민주적 선출과정을 통하여 선발되어야 한다. 그래서 주민자치회는 통리별 지구(district)대표들의 협의회 내지는 연합체의 성격을 가져야 한다. 미국의 시정부의 시의원들이 공개된 공간(공론장)에서 시의 현안문제를 대화하고 토론하는 것처럼, 주민자치위원들의 회의내용은 누구나 참여하여 참관할 수 있도록 해야 한다. 지역을 자치하는 문제에 비밀이 있을 수 없다. 투명성이 생명이다.

도시지역에는 아파트단지별로 입주자대표회의가 설치되어 있다. 주로 500세대에서 1,000세대단위로 입주자대표회의에서 추천한 위원(혹은 위원장)이 해당지역의 주민자치회에 위원으로 참여한다. 즉 지구(district)대표성을 가지고 참여하는 것이다. 500세대 이하의 입대위에서는 별도의 지구(district)를 구성하고 지구별 대표를 주민자치회의 위원으로 참여시킬 수 있을 것이다.

주민자치회의 직무는 구역에 대한 자치권한을 가진다. 그래서 구역에 필요한 관리규약제정 및 개정, 관리비집행을 위한 사업계획 및 예산승인, 공용시설물에 대한 사용료부과기준결정, 관리비 등 회계감사, 결산승인, 구역내의 전기/도로/상하수도/주차장/가스설비/냉난방시설/승강장 등의 유지 및 운영기준, 자치관리기구의 직원임면, 장기수선계획에 따른 공용시설의 보수, 교체 및 개량, 공용시설의 리모델링 및 시행, 안전관리계획의 수립 및 조정, 공동체생활의 활성화 및 질서유지 등(이는 이미 현재의 아파트단지의 입대위가 가진 법률적인 권한임)을 구역에 대한 자치관리 및 자치생활서비스공급에 대한 권한을 가진다.

위원의 선발방법

이렇게 볼 때, 현재의 정부가 추진하려고 하는 실시모델에서 가장 큰 문제점은 주민자치회의 위원에 대한 위촉권한을 시군구청장에게 있다는 점이다(아래 표 참조). 이것은 개정되어야한다. 즉 지역자치(region autonomy)이기 때문에 주민(residents)에게 선발할 수 있도록 인정해야 한다. 이것은 국민이 가지는 주권적 사항이다. 즉 국민은 주민으로서 자기가 거주하고 있는 지역의 대표를 선발할 수 있는 주권적 권한을 가진다고 보아야 한다. 이것은 국민이 자치행정의 단체장이나 지방의원을 선거로 선출하거나, 국회의원과 대통령을 선출할 수 있는 투표권을 가지는 것과 같은 국민주권의 원리에서 나오는 것이다.

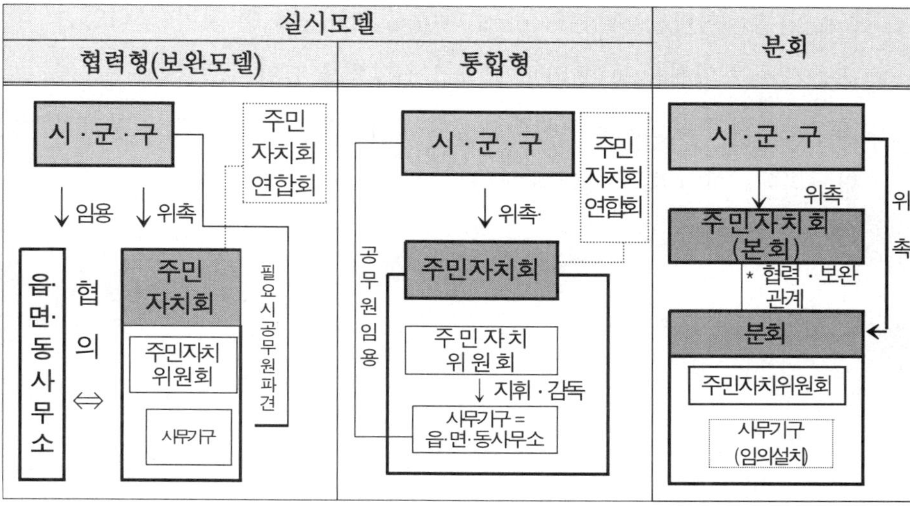

이것이 전제되지 않고서는 다른 권한들은 유명무실하게 될 위험성이 높다. 즉 재정에서 자체재원을 가진다고 되어 있는데, 대표성을 가지지 않은 위원들에게 재정을 집행하고 책임지는 권능을 부여하는 것은 무리이다. 기부금을 받고, 국가예산으로서의 보조금을 받아서 이것을 사용하는 책임은 주민자치회의 구성원인 주민들에게 직접 져야 한다. 이를 주민들의 총회에 보고하고 투명하게 공개하며 답변해야 할 책무를 가져야 한다. 이것이 풀뿌리 민주주의이다.

3. 주민자치의 원형회복

현재 정부(지방자치발전위원회)가 제시한 주민자치회의 실시모델(2015년 6월제시)은 행정자치부가 2013년에 실시한 주민자치회 시범실시의 모델보다는 낫다. 그렇지만 여전히 주민자치의 원형(protocol)을 새롭게 제도설계

(institution design)한다는 관점에서는 보완이 필요하다고 할 것이다. 다양한 전문가들의 의견을 보다 더 수렴하고 컨설팅을 받아서 추후에 실시될 주민자치회가 최고의 근린생활자치 모델이 되었으면 좋겠다. 지방자치 발전위원회의 분투를 기대해 본다.

• 주민자치 정책제언 2

정부의 읍면동주민자치회 장단점 및 개선점

- 주민자치회, 이대로 좋은가 -

주민자치란

한국에서 자치권에 대한 인식이 매우 부족한 것으로 보인다. 특히 대학의 자치권이나 학생의 자치권, 교회의 자치권 등과 같이 상당한 정도의 지성과 권위를 가지고 있는 조직들에게는 본원적인 자치권이란 것이 있다. 그리고 그 자치권의 행사는 상위의 공동체에 책임감을 가지고 참여하는 것이어야 한다. 물론 상위 공동체가 정한 법을 지키는 것이 바람직하고, 그 법의 최상위는 자연법(혹은 일부시대에는 신법)에 부합하여야 할 것이다.

그런데, 상위 공동체의 법이 하위 공동체의 자치권을 인정하고 있지 않거나, 법집행의 파트너로서 자율성과 지위를 인정하지 않고, 독점하려고 하고, 하위 공동체에 대한 불신과, 통제와 규제의 대상으로 여기며

참여의 파트너로서 인식하지 않고, 강제력을 행사하려고 한다면, 이는 참주정 내지는 과두정에 해당하는 현상이 벌어질 것이다.

민주공화정의 헌법을 가지고 있는 한국에서 왜 자치권에 대한 인정을 통한 민주정 폴리테이아(politeia)가 형성되지 않는 것일까? 물론 한국은 공화정이기에 의회의 입법권을 전제로 한 대의민주주의이고, 헌법은 지방자치를 제도적으로 보장하고 있다. 당연히 주민자치권을 통한 지방의회의 형성이 제도화되어야 하는데, 한국은 지방자치를 대통령의 재임을 위한 수단으로 생각하였고, 경제발전을 위한 걸림돌로 생각하였기에 제대로 된 지방자치의 철학이나 주민자치권을 부여해 본 적이 없다.

따라서 한국에 있어서 주민자치란 완전히 새로운 국정철학과 민주적 가치를 가진 사람들에 의하여 '제도설계' 되어야 할 이슈이다. 그럼에도 불구하여 한국에서 주민자치란 것이 동사무소의 통폐합의 보조적 수단으로서 논의된 것이라든지, 시군구 기초지방자치단체의 통합을 위한 보완적 수단으로 제안되었다는 것은 주민자치의 본질에 대한 인식이 결여된 것이었음을 알 수 있다. 다시 말해, 현재의 주민자치회 모델(지방자치발전위원회)이나 시범실시(행정자치부)는 나름대로 장점을 가지고 있다고 주장하고 있지만, 주민자치의 본연의 모습이나 자치철학의 관점에서 보면, 상당한 문제점을 안고 있는 것이다. 이런 관점에서 개선방안을 제시해보고자 한다.

지방자치발전위원회의 주민자치회

주민자치회의 설치운영방안에 대해서는 MB정부의 행정체제개편위원회(이하 행개위)에서부터 제시된 내용을 현재 박근혜정부의 지방자치발전위원회에서 계승하고 있는 것이다. 따라서 행개위에서 제시한 협력형, 통합형, 주민조직형의 3개 모델에 대해서 살펴볼 필요가 있다. 여기서는 행개위 모델의 좋은 점과 한계점에 대해서 몇가지를 정리하는 선에서 생각을 정리해 보려고 한다.

좋은 점은 첫째, 주민대표로 구성하여 주민자치회를 구성한다는 점이다. 여기서 주민대표를 해석하는데서 입장차이가 있는 것이 사실이지만, 행개위가 생각하는 주민대표라는 것은 지역대표, 일반주민공개모집, 직능대표공개모집을 통하여 구성되는 것임을 알 수 있다. 지역대표라 함은 주민총회(읍면동단위, 위원선정위원회주관)에서 선출하거나 통리장 중에서 선출(호선 또는 순번제)하는 것이라고 한다. 일반주민공개모집이라 함은 주민들 중에서 공개모집후 추첨 또는 위원선정위원회가 선정한다는 것이다. 직능대표 공개모집이라 함은 전문가, 직능단체 대표 등을 공개모집한 후 위원선정위원회에서 선정한다는 것이다.

그러면서 공개모집으로 선출된 위원이 주민자치위원 전체를 구성할 수 없도록 제한하고, 성, 연령, 소득수준 등을 고려하여 계층별로 균형있게 구성하도록 규정하고 있다.

문제는 여기서 위원선정위원회는 어떻게 구성되느냐는 것이다. 행개위의 자료에 의하면 시군구청장, 시군구의회의장, 교육장, 주민자치회장 각각의 추천을 받아서 구성하도록 하고 있다.

둘째, 자체재원을 획득할 수 있도록 하고 있고, 통합형의 경우는 독립적인 재원운영을 위해 별도의 특별회계를 두도록 하고 있다는 점이다. 자체재원으로서 회비와 사업수입, 사용료 등을 수입으로 할 수 있고, 보조금 등의 의존재원도 받을 수 있으며, 기부금 등의 기타재원도 주민자치회의 재정으로 구성할 수 있게 한 것이다.

셋째, 주민자치회설치 및 운영에 관한 법률을 개별법으로 제정하여 근린자치를 법제화하겠다는 점이다. 이는 특별법 제19조3항에 주민자치회 설치 및 운영, 구성 등을 별도의 법률로 제정하겠다고 규정하고 있는 것에 따른 것이다. 그리하여 주거단위의 근린자치를 활성화하고, 주민자치회에 시군구의 사무를 위임, 위탁할 수 있도록 법인능력을 갖도록 하겠다는 점이다.

문제점으로는 다음과 같은 사항을 들 수 있다. 첫째, 위원선정위원회의 구성에서 자치철학을 따르고 있는가라는 점이다. 즉 자치철학에 의하면, 주민자치회의 민주성과 대표성이 자치의 본질인데, 과연 위원선정위원회를 통하여 이 조건을 구비할 수 있는가라는 점이다. 즉 현재는 읍면동 단위로 9명이내의 위원선정위원회를 구성하도록 하고 있고, 여기서 주민자치회 위원들의 선정방식, 위원구성비율, 선거관리 등을 하도록 하고 있는데, 시군구청장, 시군구의회의장, 교육장 등의 추천을 받도록 하고 있어 이는 이미 정치화되어 있는 자치행정시스템의 대표자들이어서, 비정치화를 요건으로 하는 주민자치시스템의 대표자를 추천할 수 있도록 하는 것은 '정치화'의 위험성이 있다는 점이다.

둘째, 주민자치회의 실시방법에서 지방자치발전위원회는 1안으로 임의실시, 2안으로 의무실시, 3안으로 특별광역시는 의무실시라고 하고 기타지역은 임의실시라고 하면서, 특별광역시가 의무실시하여야 하는 이유는 '자치구 · 군의회 폐지시 주민참여 · 대표성보완을 위해 우선 실시'한다고 하고 있는 점이다. 이는 자치구 · 군의회를 폐지하는 조건으로 주민자치회를 의무실시한다는 논리를 가지고 있기에, 이는 대의민주주의방식과 참여민주주의방식을 양자택일적으로 보는 사고방식에 빠져 있다는 것이다. 자치철학의 관점으로 대의민주주의를 유지하면서 대의민주주의를 보완하는 차원에서 참여민주주의나 숙의민주주의를 도입할 수 있다는 것이다. 따라서 자치구군의회의 폐지는 '관료주의적 효율성'에 인식구조가 제약되어서 나온 발상이 아닐까 하는 지적이다.

셋째, 연계조직으로서 두는 시군구단위의 주민자치회의 연합회는 임의단체로 하고 있는 점이다. 주민자치시스템이 활성화되기 위해서는 주민자치회만이 아니라 상위조직으로서 협의체 혹은 연합회가 법적 조직이 되어서 자치행정시스템에 '참여'할 수 있도록 법적 위상을 가져야 할 것이다. 그리고 하위조직으로서 통리단위의 주민총회를 구성하는 것도 공동체단위의 자치로서 법적 위상을 부여하고 재정적인 기반을 가질 수 있는 구조가 되어야 할 것이다.

행정자치부 시범실시의 주민자치회

행정자치부의 주민자치회 시범실시는 전국 31곳에 한정해 실시되었다. 그리고 실시모형도 협력형에 한정하여 실시되었기에 지방자치발전위원회(혹은 행개위)의 3가지 모델이 시범실시된 것이 아니었다. 31곳에 시범실시한 읍면동에는 약 1억원에서 6억원에 상당하는 특별교부금을 지원하여 주는 전형적인 국고보조사업의 형태이고, 일회성 사업이었다.

시범실시의 실시결과를 보고 지속할지 여부와 전국적으로 확대실시할지를 정하도록 되어 있었다. 그리고 31곳의 시범실시 지역은 시군구의 조례를 제정하여서 시범실시지역에만 적용되는 자치입법을 하였다는 점이다.

좋은 점은 첫째, 주민자치회에 예산을 투입하였다는 점이다. 그리고 주민자치회의 사업을 추진하는 주도적인 역할을 주민영역에게 맡겼다는 점이다. 그리고 주민자치회 시범실시 사업을 능동적으로 신청한 곳에 한하여 지원하였다는 점이다. 즉 행정의 주민자치에 대한 입장과 일하는 방식이 변하기 시작하였다는 것이다.

그 전에는 주민자치영역까지 행정사무로 하여 통제관리하였지만, 시범실시에서는 주민자치사무를 주민자치회에 위임위탁하도록 하는 방식을 시작하였다. 그리고 주민자치회 시범실시 지역에 1억원 정도의 예산을 투입하였고, 안전마을시범실시지역에는 별도로 5억원을 투입하였다는 것은 주민자치에 대한 행정의 입장이 전환되기 시작한 대표적인 사례이다

둘째, 주민자치회 시범실시 컨설팅단을 운영한 것이다. 즉 주민자치회 시범실시를 위하여 전국의 전문가들로 컨설팅단을 구성하여 자문하도록 한 것이다.

셋째, 시범실시를 통하여 시군구의 행정사무 중에서 일부 사무를 주민자치회에 위임, 위탁할 수 있도록 하였다는 점이다. 즉 공공사무의 일부를 행정만이 처리하는 것이 아니라 주민자치조직이 처리하는 것을 시도하였다는 점이다. 이는 공공행정을 행정관료제만이 처리한다는 일하는 방식에서 주민자치와 주민참여를 통한 거버넌스시스템으로 처리한다는 근린생활행정의 전환이라고 할 만하다.

문제점으로서는 첫째, 예산지원 중단시 주민자치회 자체가 존폐의 위기에 처할 수 있다는 점이다.

둘째, 컨설팅단의 운영에 대하여 자문위원들에게 명확한 역할과 책무가 부여되지 않았고 재능기부에 기반한 봉사로 간주되어서 주민자치회 시범실시에 대한 전문가적인 시간투입이나 역량투입이 어려웠다는 점이다.

셋째, 실제로 주민자치회에 위임, 위탁된 사무는 극히 한정된 사무였고, 특히 예산사업은 거의 없었다는 점이다. 시군구의 행정사무 중에서 주민자치조직에 이관해 주기 위해서는 시군구 자치분권개혁이라고 하는 조직진단 혹은 조직개혁이 추진되어야 하는데, 이는 시군구청장의 강력한 리더십이 요구되는 것이다. 그런데 이에 대한 인식이 그다지 없는 상태에서 위임위탁되는 사무는 그저그런 사무들 뿐이었다는 것이다.

요컨대, 현재의 주민자치회 시범실시로서는 위에서 말한 지방자치발전위원회의 근린자치활성화라는 목적에 거의 기여하지 못하였다고 평가된다. 즉 특별법의 목적, 운영원칙, 기능에 거의 부합되지 못한 시범실시를 하였다고 평가되고, 자치철학에 부합하는 조직이라고 하기도 어려우며, 주민자치를 제대로 할 수 있는 권한이나 역할이 부여되지 못하였던 것으로 인식된다. 그러면 앞으로 근린생활자치를 어떻게 해야 할 것인가?

자치분권시대 거버넌스 패러다임의 바람직한 주민자치

행정의 일하는 방식이 구조적 한계와 제도피로현상에 빠져있다고 진단된다. 더 이상 지금까지와 같은 방식으로는 사회문제와 공공문제를 해결해 나갈 수 없는 현실을 보게 된다. 세월호사건에 대응하고 해결하는 과정에서 공공부문의 구조적이고 본질적인 한계와 무능을 목도하게 된 것이고, 메르스전염병을 관리하는 질병관리본부와 보건복지부의 관리역량과 관리시스템의 무능과 한계를 체험하게 된다. 공공관리는 행정만으로 할 수 있는 것이 아니다. 시민사회의 자치와 참여를 신뢰하고 인증해주면서 행정관리가 할 수 있는 부분을 명확히 한정지우고, 역할분담을 통하여 다원적 협력과 합의를 통하여 공공문제를 대응한다고 하는 '거버넌스 관리철학'을 가져야 한다.

거버넌스 관리철학은 중앙정부부처의 공무원들에게 근본적으로 요구되고, 정치지도자들에게도 요구되는 것이다. 물론 지방자치단체의 공무원들에게는 현장감있고 적실성있는 대응을 위해서 더욱더 요구되는 것이다. 거버넌스 관리철학은 관리의 자세와 태도, 인지구조가 새로워져야 한다. 권한을 독임제로 처리하는 것이 아니라, 합의제로 처리한다는 사고방식을 가져야 한다. 집권적으로 권한을 가지고 책임진다는 의식구조가, 분권적으로 권한을 나누고 함께 결정하고 책임진다고 하는 다원적 시스템을 운영하는 경험으로 바뀌어져야 한다.

자치분권시대는 한국의 공공관리를 새롭게 할 것을 요구한다. 현재와 같이 통제집권시대의 유습은 지속할 수 없다는 시그널을 체험하고 있는 것이다. 중앙정부부처의 공무원들부터 '거버넌스 패러다임'의 관리철학을 가지도록 교육되어야 한다. 채용시험과정에서부터 거버넌스 패러다임을 테스트하여야 하고, 현장실무경험을 가진 사람을 채용해야 한다. 가능한 개방직 채용을 늘리고, 각 직급별로도 개방직을 확대해야 한다. 계급제에 의한 인사관리를 폐지하고, 직위분류제에 의한 인사관리, 승진관리를 해야 한다. 즉 한 직위에 있다가 다른 직급으로 승진할 때는 현재의 직위를 사퇴하고, 새로운 직급이나 직위로 공모에 응해서 이전하도록 한다. 2년단위로 직위를 순환시키는 식의 계급제는 더 이상 유효하지 않은 관리방식이다.

이러한 거버넌스 패러다임을 근린생활자치에 도입하면, 바람직한 주민자치의 모습이 그려진다. 행정은 그 관리역량의 한계를 인정하고, 자치를 신뢰하고, 자치에 법적 위상을 부여해주고, 실질적 자치가 될 수 있도록 세원의 자율성을 부여해주며, 자치체구성이 민주적이고 공화주의적으로 가능하도록 폴레테이아(politeia, polity)를 헌장(charter)으로 부여해주어야 한다. 이것은 근린생활자치기본법(가칭)을 통하여 이루어져야 한다. 이 기본법은 특별법의 형식을 가지고 기존의 지방자치법보다 우선적으로 적용되어지도록 해야 한다.

근린생활자치는 재정자립도와 주민참여의 수준을 고려해야 한다. 이 점에서 농촌과 도시지역은 구분하는 것이 좋다. 농촌지역은 리단위로 주민총회를 통하여 운영위원회를 선출하고, 이들에게 주민자치권을 부여하는 것이 좋다. 도시지역은 통단위나 아파트단지단위로 주민총회를 통하여 대표자를 선출하고, 대표자들에 의한 주민자치를 하도록 근린생활자치권을 부여한다. 그리고 이들이 근린생활자치를 위한 관리비를 정하고, 정관(관리규약)을 정하며, 주민들간의 분쟁이나 갈등, 근린생활서비스 공급을 위한 사무소운영 등의 권한을 부여한다. 아파트단지에 입주자대표회의가 있고, 전문성을 가진 관리사무소장에 의하여 관리사무소를 운영하는 것을 참고로 하면 된다. 물론 경우에 따라서는 주민자치관리도 가능할 것이다. 즉 주민대표자회의가 직접 관리사무소없이 자원봉사의 개념을 가지고 지역관리를 할 수도 있다. 이것은 일정한 세대 이하의 경우에 가능할 것이다.

이렇게 근린생활단위가 짜여지면, 그 상위의 구역에 대한 관리방식이 정해질 것이다. 즉 농촌지역에서는 마을자치회(리단위 혹은 마을단위)의 협의체로서 읍면단위의 주민자치위원회가 구성될 수 있고, 주민자치위원회는 마을자치회의 회장들의 협의체 혹은 연합체가 된다. 그리고 이들에 의하여 현재의 읍면사무소장을 임명하고(통합형)[21], 현재의 동사무소 공무원들을 지도·감사할 수 있을 것이다.

도시지역에서는 동단위에 주민자치위원회가 통자치관리대표회(가칭)나 아파트단지입대위의 협의체 내지는 연합체로 구성될 것이고, 역시 동주민센터장(혹은 동장)을 임명할 수 있을 것이다(통합형). 주민자치위원들의 가장 중요한 역할은 읍면동 자치를 위한 정관(관리규약)을 제정하는 것이다. 읍면동의 예산을 심의의결하는 역할이다. 읍면동세(가칭, 주민세와 유사한 성격)의 세율을 정할 수 있어야 한다. 읍면동에 근무하는 공무원은 관료가 아닌 민료가 되어야 하고, 이 경우는 주민주도형으로 전환이 가능할 것이다. 즉 관료의 신분에서 민료(민간공무원)로 신분을 전환하고, 이들에 대한 고용은 공익법인 자치재단(가칭)을 설립하여 민료들에 대한 교육, 연금 등을 관리하도록 지원 시스템이 구축되어야 할 것이다.

통반장제도를 폐지하고, 통반장의 기능을 이들 민료들에게 위탁하

21 협력형의 경우에는 주민자치위원회는 동장과 행정사무에 대하여 협의하는 기능에 불과하고, 동장의 인사권은 시군구청장이 가지는 것이다.

며, 민료들은 그 소속하의 주민자치회와 거버넌스를 구축하여 지역주민들의 복지관리서비스 등을 수행하도록 한다. 물론 여기서 제시하는 바람직한 주민자치의 이상은 정말 이상적인 것이다. 아직 우리 한국사회의 주민자치의 수준이나 역량은 아직 미성숙한 부분이 있음을 인정한다. 그러나 우리가 이론적으로는 이상을 가지고 비전을 가지고 한국사회의 주민자치회가 나아갈 방향을 바라본다는 점에서 여기서 제시한 근린생활자치의 거버넌스패러다임에 의한 비전을 그려본다.

요컨대, 농촌형과 도시형을 명확하게 구분하는 것을 제안한다. 농촌에서는 리단위로 마을자치회를 자치분권적으로 제도설계해 주고, 읍면에는 마을자치회의 연합회를 두고 읍면행정에 '제도적 위상을 가지고 참여'하게 할 것을 제안한다.

도시에서는 아파트단지단위와 통단위로 자치관리사무소를 두고 단지(구역)자치회를 자치분권적으로 제도설계해 준다. 이때 주택법에서 규정하고 있는 아파트 입대위제도를 살려서 '주민자치'에서 활용하게 해준다. 그리고 동단위의 주민자치위원회는 주민자치회의 연합회로서 주민자치회의 대표들이 참여하게 해준다. 그리고 이 주민자치위원회는 동행정에 제도적 위상을 가지고 참여하게 해준다. 이것이 현실적으로 주민자치의 이상을 구현할 수 있는 대안이지 않을까 한다.

• 주민자치정책제언 3

지방자치 속에 주민자치는 얼마나 들어왔나

1

박근혜정부는 국정기조로서 지방자치에 대한 비중이 그다지 높지는 않은 편이라고 할 수 있다. 2013년도 대통령취임사에 나타난 국정과제 140개중에 지방자치에 관한 과제는 발견하기 어렵다. 주로 경제부흥에 대한 과제들이 42개, 국민행복에 대한 과제가 65개, 문화융성이 10개, 평화통일기반구축이 15개, 추진기반으로서 7개과제가 제시되었지만, 지방자치나 주민자치관련의 과제는 없기에 국정의 주요한 과제로서 취급되지 않았다고 할 수 있다.

그렇지만, 지방자치발전위원회를 대통령소속으로 두고, 지방자치종합계획을 2014년 12월에 완성하였다는 것과 이를 법정계획으로서 국무회의를 통과시켰다는 점에서 지방자치발전을 위한 국정차원의 활동은 하고 있었다고 할 수 있다.

물론 대통령의 제1차 지방자치발전위원회에서 지방자치가 국가발전의 토대가 된다는 것과 국정운영의 축이라고는 하였고, 지방자치발전위원회가 중심이 되어 폭넓은 의견을 수렴하여 성숙한 지방자치시대를 열어야 한다고 제시하기는 하였다.

그러면, 여기서 구체적으로 지방자치발전위원회는 박근혜정부의 임기동안 무엇을 어떻게 추진시켜왔는가에 대해서 살펴보기로 하자

2

지방자치발전위원회를 통하여 지방자치의 성숙을 위하여 어떤 과제들을 발굴하였고, 이를 추진하였는가를 살펴보자. 먼저 2013년도에는 자치현장토크를 통하여 각계의 의견을 수렴하였다. 여기서 다양한 의견이 제시되었는데, 실질적인 지방자치의 발전을 위해서는 무엇보다도 지방의 재정을 확충하는 재정분권을 확립하는 것이 중요하다는 것을 제시하였다. 또 지방자치단체의 입장에서는 자치조직권이 있어야 지방자치가 실질화될 수 있다고 하였다. 즉 중앙정부부처의 규제나 간여를 폐지하라는 것이다.

또 사무이양을 10여년에 걸쳐서 하고 있지만, 이것이 그다지 진전이 없는 것은 사무와 관련된 인력과 재정을 일체적으로 이양해야 하는데, 이에 대한 보증이 없는 상태에서 사무만의 이양은 주는 쪽도 그다지 주고 싶어하지 않고, 받는 쪽도 일만 늘어나기에 그다지 반기지 않는 분위기라는 것이다. 그래서 진정한 이양은 인력과 재정도 함께 이양되어야 한다는 것이다.

또 지방자치단체의 지위와 역할, 권한이 '자치'에 부합하게 부여되고,

이에 따른 '책임'도 질 수 있는 국가-지방자치단체간의 역할분담에 대한 재설계가 필요하다는 것이다. 그리하여 중앙정부와 지방정부가 수평적이고 동반자적인 관계가 되도록 패러다임이 전환되어야 한다는 것이다. 이를 위해서는 공무원은 물론, 시민들의 인식전환이 필요하다. 의존적이고 수동적인 시민성을 가지고서는 '자치적 패러다임'을 운영하기 어렵다는 것이다. 능동적이고 적극적이며, 도전적이고 진취적인 시민성을 가지고 있어야 하는데, 이것은 지속적인 교육과 현장경험을 통하여 사회적 자본으로서 축적되어져야 하는 것이다. 이 점에서는 지방자치의 성숙이란 것이 법령이나 제도를 고친다고 해서 당장 구현될 수 있는 것은 아니다.

또 각계의 의견 중에는 주민자치를 제도화해야 한다는 주장이 많았다. 주민자치의 성공적인 사례를 확산해야 하는데, 현재의 주민자치위원회로서는 '자치'답다고 하기 어려워 '주민자치회'의 시범실시를 중앙정부 사업으로 추진하고 있는 것이다.

이러한 다양한 의견을 취합정리 하여 2014년에는 이를 바탕으로 20개의 과제를 마련하였고, 이에 대한 의견을 다시 지방자치단체, 중앙부처, 언론, 전문가 등으로부터 받았다. 2014년 11월에는 종합계획을 의결하였고, 12월에 국무회의의 심의와 의결을 거쳐서 확정하였다.

따라서 박근혜정부의 지방자치정책은 지방자치발전위원회가 만든 '지방자치종합계획안'속에 함축되어 있는 것인데, 이를 구체적으로 살펴보자.

3

지방자치종합계획안은 지방분권과 지방행정체제개편에 관한 특별법 제5조에 의한 법정계획이다. 그리고 중앙부처와 지방자치단체가 의무적으로 이행해야 하는 '정책추진의 계획'이라고 할 수 있다.

지방자치종합계획의 비전은 '성숙한 지방자치와 행복한 지역주민'이다. 성숙하다는 것은 자기결정에 자기책임을 지도록 한다는 의미가 있고, 지방자치단체가 의존적이거나 무책임하지 않도록 구조를 만든다는 의미가 있다. 또 행복한 지역주민은 물질적인 것만으로 행복이 오는 것이 아니기에 삶의 질이 높아지고, 풍성해질 수 있도록 문화, 환경, 커뮤니티, 여유, 참여, 효능감 등을 즐길 수 있는 주민이 되도록 해 주어야 할 것이다.

지방자치종합계획의 목표는 주민편익을 높이고, 행정효율을 향상시키며, 지방경쟁력을 제고하는 것이다. 주민들의 삶이 편안하고 효용을 높일 수 있도록 지방자치제도를 재설계한다는 의미이고, 행정관리와 자치관리의 역할을 효과적으로 분담함으로써 굳이 행정이 모두 다 하려고 하는 과욕을 가지지 않도록 하는 것이 '진정한 행정효율'을 높이는 것이다. 즉 행정이 큰 정부가 되어 모든 자원을 독점하여 공공재를 공급하려고 해서는 제대로된 행정효율이 나타나지 않는다. 오히려 재정적자가 악화되고, 정부부채가 눈덩이처럼 커져서 비효율이 나타나게 되는 것이다. 그래서 공공부문을 민영화하거나 시장경쟁원리를 도입하기도 하고, 지방자치단체나 시민사회에 사무위탁이나 행정계약에 의하여 이관하기도 하는 것이다. 그리고 정부는 이양한 기업이나 단체, 법인들이 설명책임(accountability)을 충분히 질 수 있도록 인프라를 구축해주는 것이다.

지역이 자율적이고 창의적인 선택과 도전에 의하여 지역발전과 지역경쟁력을 키워갈 수 있는 다양성의 여지를 가질 수 있도록 권한과 자원을 일정한 정도 배분해주고, 이의 활용도나 성과를 지켜보아 주는 것이 국가의 '행정하는 방식'이 되어야 하는 것이다. 지역정부는 지역주민들의 참여와 통제에 의하여 자율적으로 그 지역의 발전에 책임을 질 수 있도록 하는 것이다. 국가의 역할은 지역의 부존자원의 차이에 따른 구조적 차이를 배려해주고, 이를 어느 정도 형평화해주는 것은 필요하지만, 스스로의 자율성을 침해할 정도로 국가가 재정조정을 해주고, 국가보조사업을 벌여주는 것은 오히려 '지역의 자치'를 저해하는 것일 수 있다. 지역은 스스로의 선택으로 인재를 키우고, 투자하고, 이에 대한 열매를 향유할 수 있는 '자치적 패러다임'을 가질 수 있도록 해주고, 각 지역들이 서로 자치에 대한 경쟁을 하도록 해주어야 하는 것이다.

구체적인 정책과제를 보면, 크게 4가지의 영역으로 나누어진다. 첫째는 강력한 지방분권기조를 만드는 것이고 둘째는 자치기반을 확충하는 것인데, 이는 곧 자율과 책임성을 강화하는 것이기도 하다. 셋째는 주민중심의 생활자치 및 근린자치를 실현하는 것이고, 넷째는 미래지향적 지방행정체제를 만들어 가는 것이다.

4

이 중에서 주민자치와 관련된 부분은 세 번째 영역으로서 '주민중심의 생활자치 및 근린자치의 실현'과 관련된 과제이다. 여기에는 경찰자치와 교육자치, 읍면동주민자치, 직접 참여제도, 구역경계조정의 과제가 있다. 주민중심의 생활자치 및 근린자치란 행정이 생활자치사무를 독점하고 있던 시스템을 개혁할 것을 요구한다. 또 근린자치란 근린(neighborhood)의 주민들이 총회를 통한 근린정부를 형성하여 '자기입법과 자기통제'가 작동할 수 있는 패러다임을 도입하는 것과 관련되고, 이는 근린지역에 대한 입법분권이 이루어지는 입법개혁을 요구하는 것이다.

과연 한국의 '중앙집권적 관료주의 행정관리관행'을 개혁할 수 있을 것인가? 자치는 행정과 대등한 바퀴를 이루는 자전거에 비유할 수 있다. 자치란 바퀴가 작고, 행정이란 바퀴는 지나치게 크면, 자전거의 속도를 제대로 내기 어렵다. 양 바퀴가 동등하게 커야, 행정이 돌리는 바퀴에 자치가 상응하게 되어 속도를 낼 수 있는 것이다. 지방자치가 성숙한 이상적인 시스템에서는 보충성의 원칙(principle of subsidiarity)에 따라서 자치가 먼저 바퀴를 돌리면, 행정은 자치가 패달을 잘 저울 수 있도록 지원하는 역할이어야 할 것이다. 한국의 중앙-지방정부간 관계는 중앙정부의 행정이 패달을 지속적으로 돌려왔던 것이고, 자치란 바퀴는 30년간 바퀴를 빼 놓고 있었던 것이다. 만일 바퀴가 3개를 가진 자전거라고 한다면 주민자치는 최근 17년간 도입되었던 것이라고 할 수 있고, 그것도 자치란 뒷바퀴의 보조역할에 불과한 형상이라고 할 것이다.

성숙한 지방자치는 주민자치란 바퀴가 앞바뀌가 되는 것이다. 그리고 지방자치단체는 뒷바뀌가 되는 것이고, 보조바퀴로서 중앙정부의 역할을 하는 것이다. 그래서 자전거가 넘어지는 것을 방지하는 역할을 하는 견고한 지지대가 되어주어야 하는 것이 아닐까?

이 점에서 2013년 7월부터 시범실시하고 있는 주민자치회는 기존의 주민자치위원회와 그다지 차별성있는 '주민자치다운' 모습을 보여주고 있지 못하다. 1차시범실시로서 31개 읍면동을 지정하였고, 2015년 10월에 18개를 추가하여 제2차시범실시를 하고 있다. 2차시범실시에서는 재정적 인센티브가 없는 상태여서 그 성과가 어느 정도 나타날지는 지켜보아야 할 것이지만, 1차에 비해서 그다지 성과가 없을 가능성이 높다.

주민자치회 시범실시에서 그 기능으로서 주민화합과 발전을 위한 사항, 지방자치단체가 위임 또는 위탁하는 사무의 처리, 그밖에 법률이나 조례, 규칙으로 위임 또는 위탁한 사무라고 하지만, 실제로는 시군구의 사무중에서 1%도 위임되거나 위탁된 지역도 없는 형편이다. 오히려 국가사무나 행정사무를 국고보조사업 혹은 지방자치단체보조사업으로서 집행하는 것에 불과한 것이 현실이다. 결과적으로 이 예산에 대한 집행권은 읍면동의 공무원이 책임을 지고 관리할 수 밖에 없고, 감사에 대비하여 행정사무 집행의 규정에 따라서 통제되고 관리되는 것이다. 여기서는 자치란 들어설 여지가 없을 뿐만 아니라, 자율성을 가진 자기결정이나 선택을 할 수 있는 여지도 없다. 소위 행정기관의 손발기능에 불과한 것이지, 진정한 주민자치체로서의 기본이나 본질을 가지고 지역이나 구역의 생활자치사무를 관리하는 것이 아니란 것이다. 또 주민들의 참여(participation)란 관점에서도 주민총회의 방식으로 참여하든 주민들의 대표를 추첨 등의 방식으로 선출하든 이들로 하여금 대표자로서 자치를 할 수 있는 패러다임이 아닌 것이다.

5

현재의 주민자치정책은 설계부터가 잘못되었다. 관치(官治)적 제도설계(institution design)로서는 '주민자치다운 자치' 나 '주민자치의 본질과 가치' 를 표현하는 근린생활자치를 만들어 낼 수 없는 것이다. '주민중심의 생활자치와 근린자치'를 정책과제의 영역으로 제시하고 있는 자치발전종합안의 취지를 생각하면, 현재와 같은 주민자치시범실시로서는 어렵다고 본다. 지방자치발전위원회가 제시한 3가지의 주민자치 모형 중에서 협력형이나 통합형으로는 주민자치다운 자치를 하기 어렵다. 오히려 동사무소의 폐지를 전제로 한 주민조직형 혹은 주민주도형의 주민자치를 모형으로 하여 생활서비스의 공급에 대한 권한과 조직, 책임을 부여하여 진정한 근린자치가 될 수 있도록 '새로운 제도설계'를 해야 할 것이다.

차기 정부의 주민자치정책은 진정한 주민자치모형이 도입될 수 있도록 학계, 시민단체, 지역주민자치단체가 국회를 상대로 하여 제안하고 지속적인 연구가 필요하다. 지방자치의 성숙은 시민성의 발명으로부터 시작되어야 할 것이다. 시민은 노예이기를 거부한 자유로운 영혼을 가진 주민이다. 이를 위해서 국가가 가진 권한을 이관(empower)하는 혁신적 제도개혁이 있어야 하고, 이는 자치분권형 헌법개정을 필요로 할 수 있다고 본다. 건국 70년을 맞이하는 2018년은 한국사회가 새로운 도약을 위하여 '주민자치다운 자치'가 제대로 제도설계되어 자치분권형 선진국가로 진입하는 꿈을 꾸어본다.

일본의 공민관과 주민자치(공민)교육

개요

한국의 주민자치는 지방자치의 뿌리에 해당된다. 주민이 행정에 참여하여야하고, 자치에도 참여하여야 한다. 그런데 주민들이 행정에 참여하는 비율은 5%가 넘기 어렵다고 한다. 이는 영국과 같은 선진국에서도 그렇다고 한다. 영국은 전통적으로 주민들이 참여하고 자치하는 전통이 강한 나라임에도 불구하고, 주민들의 참여비율이 그다지 높지 않아서 핵심참여자(civic core)를 확대하는 것이 관건이라고 한다. 그러나 또 하나의 주민참여를 확대하는 방법은 약한 유대(weak ties)를 가지도록 하여 지역공동체를 만들어나가려는 노력이다. 다시말해 주민자치는 지역공동체가 형성되어야 있어야 하고, 지역공동체는 주민들의 참여가 있어야 한다.

그런데 현대는 주민참여하려는 사람들이 적을 뿐만 아니라, 이웃들간에 인사를 하거나 눈을 마주치는 것을 꺼리는 행태도 많아서 지역에서 주민이 참여하는 것 자체가 쉽지 않은 일이다. 이처럼 참여의 불모지에서 주민자치를 활성화한다는 것이 얼마나 힘든 일인지....

영국같은 곳에서는 최근 빅서사이어티(Big Society)라고 하여 정부의 권한을 지역사회에 이관하여 주민들의 참여와 자치역량을 키우려는 정책을 벌이고 있다. 정부실패와 시장실패를 극복하는 방법으로서 지역사회와 주민의 참여역량을 키우는 대안이다. 이것이 가능하기 위해서는 주민들의 자치와 참여역량이 신장되어 있어야 한다.

자치와 참여역량의 신장은 교육을 통하여 가능하고 교육이 가능할 수 있는 환경이 만들어져야 하며, 이것을 정책으로 기획하고 추진해 나갈 안목을 가진 정책가(政策家)가 있어야 한다. 여기서는 일본의 주민자치교육과 그 물리적 기반으로서의 공민관에 대해서 살펴보도록 하자.

일본의 공민관

공민관은 지역사람들이 모이고 대화하고 동료를 만들도록 만들어진 지역시설이다. 학습활동을 하기도 하고, 취미와 서클 활동을 할 수 있는 시설이다. 시설공간으로서는 회의실과 다다미방(일본식방), 조리실, 도서실, 홀 등으로 이루어져 있다.

이용료를 받는데 주로 오전, 오후, 야간으로 나누어서 징수하고 각각 540엔(5천원정도)이다. 물론 방의 크기가 크면 3,240엔(3만원정도)을 받기도 한다. 또 조명사용료와 가스사용료를 각각 따라 받는다. 조명료는 2시간 이내이면 200엔, 냉난방료는 540엔(1실1회, 넓은 홀은 1시간에 540엔을 받기도함)을 받는다.

공민관의 개장시간은 8시30분이고 폐장시간은 21시(단, 일요일은 오후17시)

이다. 휴관은 매월 제3일요일과 년말연초(12월29일-1월3일)는 쉰다. 지역에 따라 다를 수 있으나 대체로 이런 정도이다.

필자도 동경시내에 유학시절 이런 시설을 이용한 적이 있다. 집근처의 공원내에 이런 시설이 있고, 여기서 당시 게시된 광고를 보고, 영어를 그 지역의 주민들과 배운 적이 있다. 1주에 한번씩 외국인 강사로부터 배웠는데, 당시 그 지역에 소재하는 중소기업체의 직원들이 중심이 되어 영어를 배웠고, 지역유대를 가질 수 있었던 추억이 있다.

일본의 공민관은 전후 테라나카 문부성 사회교육과장의 제안으로 지역부흥과 사회교육을 위한 "마을의 종합시설"로서 만들어졌다. 일본에서는 공민관의 설치를 지방자치단체가 설치하는 시설로서 규정되었다.

일본에는 현재 18,000개의 공민관이 있다고 한다. 공민관마다 약 3명의 직원이 근무하고 있다. 공민관이 개설하고 있는 강좌에는 약 125만명이 수강하고 있고, 지역의 학습단체나 동아리의 이용자수를 합하면 2억명이 넘는다고 한다. 아마 중복되어 등록된 사람들이 많다는 이야기다.

공민관은 일본의 기초지방자치단체라고 할 수 있는 시정촌에 대부분 설치되어 있다. 시와 구에는 93.9%가 설치되어 있고, 정(町)의 경우에는 88.4%, 촌(村)의 경우에는 79.7%가 설치되어 있을 정도로 거의 모든 시정촌에 설치되어 있다.

공민관의 역사에서 중요한 사건들은 1963년의 오사카부의 히라가타(枚方)선언이다. 이는 히라타카시의 사회교육행정의 기본방침으로서 '사회교육을 모든 시민에게'라는 기치를 가지고 지역주민의 자치능력형성을 통한 민주주의확립을 지향하는 것을 천명한 것이다.

또 하나의 중요한 사건은 1965년의 시모이나(下伊那)선언이다. 이것은 나가노현의 시모이나 지역의 공민관 주사회가 '공민관주사의 성격과 역

할'을 제시하기도 하였다

1970년대 들어오면서 도시화로 인하여 도시지역의 공민관은 지역주민들의 자유로운 유휴공간의 장으로서 조성되었는데, 주민에 의해 지역문화를 창조하는 광장으로서 활동방향을 정하였다. 도쿄의 다마(多摩)지역에 건설된 공민관은 수동적, 소비적인 교육의 장으로서만 보지말고, 지역자치와 문화창조의 주체형성의 공간으로서 인식하고 지역주민들의 자발적이고 자유로운 학습문화활동의 거점으로 운영방향을 전환한 것이다.

그러나 80년대이후에 일본은 신자유주의의 영향으로 공민관을 통폐합하고, 공민관의 사업단을 위탁한다든지, 민영화하였다. 또 시민센타화하기도 하였다. 그리하여 사회교육시설로서의 공공성과 독립성이 후퇴하였다고 할 수 있다.

90년대에는 생애학습진흥정비법에 의하여 생애학습에 대한 국가의 통제강화로 인하여 더욱 지방자치단체에서 공민관의 가치나 역할에 대해서 무관심하게 되었다. 평생학습의 중요성이 강조되었지만, 당시 일본의 지방재정 악화와 신자유주의노선에 의한 공공부문의 축소 등으로 인해, 사회교육시설로서의 공민관의 역할은 쇠퇴하고 후퇴하게 되었다.

시정촌합병의 영향으로 공민관이 통폐합된 곳도 있고, 지정관리자제도에 의하여 관할행정시스템의 변화가 생긴 경우도 있다. 사회교육에 대한 영향력이 축소되기도 하였고, 문부성산하의 공무원체제가 약화되기도 하였다.

그렇지만 지금도 일본의 지역사회를 방문해보면, 공민관이 자주 눈에 띄고, 어떤 경우는 공익법인으로서 자율적인 운영을 하고 있는 곳도 보인다. 지역사회에서는 마을만들기나 지역발전을 위하여 여전히 학습문화활동의 장소로서 역할이 기대된다. 그렇지만 60년간의 역사를 가지고 있는 공민관이 다양한 지역문화학습공간들이 새롭게 생기게 된 상황에서 어떻게 포지셔닝을 해 나갈 것인가가 과제일 것이다.

전반적으로는 공민관이 일본의 지역사회에서 사회교육이란 시스템 속에서 지역리더들을 길러내는 지역공간이었고, 문부성의 사회교육정책의 일환으로 전개되어 왔다는 점을 주목할 필요가 있다. 시민교육 혹은 주민자치교육은 교육부의 정책과 사업으로서 추진되어야 할 필요성이 있는 것이지, 행정관리의 말단조직으로서 주민자치를 생각하는 관료주의적 발상을 벗어나야 할 것이다.

일본의 공민교육

일본은 일찍이 지방자치단체의 주민에 대한 교육을 국가정책으로서 실시하였다. 공민이란 시정촌의 주민을 의미하고, 국민과는 구분된다. 공민교육은 자치교육으로서 시정촌의 공민으로서 수신(修身)교육이었다. 또 공민교육은 정치교육이었다. 지방자치단체의 정치활동에 참여하는 참정권교육이었다. 또 공민교육은 사회교육이었다. 국민교육이 국가의 권위에 따르는 인물양성을 지향한다고 하면, 공민교육은 사회의 리더를 길러내는 것을 지향하므로 국민교육과 구별된다. 물론 일본에서 공민교육을 문부성이 주관하게 되면서 국민교육과 통합하여 운영되는 과정에서 순수한 사회교육이고 자치교육으로서의 본질을 일탈하는 우를 범하였던 역사를 가지고 있는 측면이 있다.

공민교육은 선량한 공민(good citizenship)을 가진 인물을 양성하는 것이다. 선량한 공민은 사회의 행복과 안녕에 관심을 가져야 한다. 사회의 안녕과 행복에 관련된 시설로서 우체국, 선거, 학교, 경찰, 세무, 행정 등의 운용의 지식을 가져야 할 것이다. 또 사회발전에 대한 명확한 지식과 판단력도 가지고 있어야 한다. 그리고 선량한 공민은 이를 실천할 수 있는 역량도 가지고 있어야 한다.

바로 이런 선량한 공민을 길러내는 방법에서 독일식과 미국식의 구분이 있었다고 한다. 독일식은 국가중심의 하향적 국민교육을 지향한 것이다. 국가를 최고의 도덕으로 이데올로기화한 것이고 충군애국, 충효일치의 윤리관념과 도덕관념을 중시한 것이다. 반면, 미국식의 사회교육은 사회를 유기체로 파악하고 자치자체(自治自制)의 가치를 근본으로 한 교육을 한 것이다. 선량한 공민을 만들기 위해서 개인 스스로의 자치의식을 가지고 있어야 하고, 이를 바탕으로 지식과 판단력, 실천력의 순서로 역량을 키워나가도록 교육한 것이다.

일본의 공민교육의 뿌리는 깊다. 공민은 일본의 명치헌법에서 시정촌 지방자치단체의 주민을 가리키는 용어이다. 1910년대 러일전쟁이후에 자치민육(自治民育)운동에서 그 근원을 찾는다. 이는 지방개량운동과도 관련이 있다. 미래의 공민이 될 청년에 대한 교육의 일환으로 시작된 것이다. 자치교육과 더불어 실업(취업)교육이 실시된 것이고, 법률경제교육과 함께 실시된 것이다. 전통적인 수신교육과도 관련성 속에서 이루어진 것이 공민교육이다.

공민교육은 비정규교육과정으로서 시작되었다가 정규교육으로 발전하게 된다. 교육학계에서도 공민교육에 대한 관심을 가졌다.

일본에서 공민교육에 대한 필요성을 내무성과 문부성이 갖게 된 것은 1912년 이후 다이쇼민주주의와 관련된다. 즉 정당의 정치활동이 활발해지면서 정치교육의 성격도 가지게 되었다. 1893년 이후의 실업보습교육의 역사와도 관련성을 갖고 있다. 1911년 문부성의 실업학무국의 자료에 의하면, 실업보습교육의 일환으로서 '국민시정촌민의 심득(心得, 마음가짐 혹은 소양의 의미)'을 가르치고자 하였던 것이다.

심득교육이라고 하면 소양교육정도를 의미하는 것이지만, 입헌국가와 민주국가의 공민으로서의 소양은 법치국가와 자치제도라고 하는 법제의 대요(大要)를 가르치는 것이 필요하다는 인식을 한 것이다. 서양에서는 이를 시티즌십(citizenship)이라고 하고 이와같은 것을 일본에서는 어릴 때부터 가르쳐야 한다는 것이다. 국민교육, 시민교육, 정촌민(자치인)교육이 시대의 조류이기에 일본에서도 이를 가르쳐야 한다고 주장한 것이다.

물론 여기서 보습교육의 목표는 '실업(직업)을 가지고 독립자영의 생활을 영위하는 지방의 공민'을 길러내는 것이 보다 큰 목표였고, 이의 일환으로 공민교육에 대한 강조가 있었다는 것을 볼 때, 공민교육만을 위한 것이 아니고, 직업교육까지도 포함한 전인적 교육차원에서 이루어진 것임을 알 수 있다. 일본의 교육자들의 깊이와 국가리더들의 안목이 엿보이는 부분이다.

이미 100년 전에 일본에서는 이러한 자치시민교육을 해야 한다는 인식을 가지고 공민교육을 시작하였다는 것의 깊이와 폭이 놀랍기만하다. 한국이 지방자치시대를 시작하면서 과연 이 정도로 자치를 위하여 시군구자치주민들의 교육과 역량강화를 우선적인 가치로 삼고 교육정책으로 시도한 일이 있는가 반성해보게 된다.

1913년의 지방개량사업에서도 지방개량사업담당자들에게 미성년자인 청년에게 유권자로서의 자질을 교육하였고, 청년들에게 보습교육을 통하여 자치사상을 함양하자고 하였다. 지역의 청년들에게 유권자교육과 함께 자치교육을 한 것이다.

당시 일본은 다이쇼민주주의의 영향으로 시정촌내부에서 다양한 정당활동과 정치활동이 전개되었다. 이 상황에서 자치에 대한 혼란이 생긴 것이다. 정치를 자치로 착각하게 만든 것이다. 이런 현상이 생긴 원인으로서 공민사상(citizenship)의 부재에서 기인한다고 본 것이다. 자치의 이상을 실현하기 위해서는 공민교육이 필요하고 공민을 양성하는 것이 중요하다고 생각한 것이다.

공민을 양성하기 위한 공민교육을 위해 실업보습교육을 한다는 생각을 이들은 한 것이다.

> "보습교육의 모든 부분, 즉 전부가 공민교육적인 경향을 지니지 않으면 안된다. 즉 어떠한 학과도 어떠한 시설도 모두 공민교육이라는 것을 안중에 두고 가르치고 실시하지 않으면 안되는 것은 물론이다(다자와 요시하루, 1916)"

그리하여 일본의 시정촌의 자치가 2-3인의 유력자에 의하여 사리사욕(私利私慾)적으로 운영되는 것을 방지하고 선거가 유력자의 지령에 의하여 이루어지는 것을 타파하기 위하여 시정촌의 공민사상(citizenship)을 가진 중심인물을 양성하는 것을 목표로 한 것이다. 당시에 선거부패가 심각했는데, 건전한 선거도덕을 가르치고 선거부패의 문제를 교정할 책임은 바로 선거민에게 있음을 가르쳐야 했던 것이다.

일본의 자료상으로 보이는 내용이기는 하지만, 놀라울 따름인 것이

다음과 같은 내용이다. 즉 1921년 공민교육의 이념에서 공민교육이란 '입헌정치하에서 자치단체의 일원으로서 필수적으로 수양해야 할 것을 목적으로 하는 교육'이라고 한 것이다. 그러면서 실업보습교육협의회의 답신서 속에서 공민교육의 방향을 지방자치체의 주민양성을 목적으로 하고 공민적 훈련을 하여야 한다는 것을 강조하였다. 답신서 내용속에 다음과 같은 내용이 있다.

> "1 자치생활이 전체(조직, 운용 등)를 이해할 수 있는 소질을 만들고, 협동생활에 필요한 훈련을 시행하여 자치정신을 체득하게 할 것
> 2 자기가 속하는 자치체의 현황을 통해서 자치제도의 정신을 이해
> 3 공민적 훈련의 실천적 지도를 할 것
> 4 우량한 교원양성에 노력할 것
> 5 이상의 정신에 의한 교육요목을 문부성이 속히 발표할 것(김종식, 동양사학연구 제114호에서 인용)"

이라고 제언하고 있다. 일본에서 공민교육의 필요성과 실천을 위한 노력을 이미 100년 전에 이토록 치열하게 하였다는 것이 놀랍다.

결 : 한국주민자치교육에 대한 시사점

일본의 사례에 비추어보면, 한국의 마을강좌나 주민자치교육에 대한 논의는 프로그램수준에 불과한 것이 아닌가 한다. 일본의 공민교육이나 공민관이라는 시설이 문부성의 소관 혹은 시민교육정책의 일환으로 전개된 것에 비해서, 한국에서의 주민자치센타나 마을강좌 등은 국가

행정관리의 말단조직의 일환으로서 인식하고 있는데 그치고 있고, 쓰레기더미에서 장미를 찾아내려는 고투 속에 있는 것이 주민자치교육의 현황이지 않을까 한다. 토양자체를 바꾸어야 할 것이라는 생각이 든다. 먼저 마을강좌와 주민자치교육에 대한 환경자체를 옥토로 정비하여야 한다. 길가밭과 같고 돌짝밭, 가시밭과도 같은 주민자치의 토양을 옥토밭으로 바꾸는 정책적 노력을 해야 할 것으로 보인다.

주민자치센타의 마을강좌가 취미교양프로그램 수준에 머물러서는 안된다. 마을강좌가 인문고전철학을 이야기하고 민주시민교육을 논하며, 청년기업가를 길러내는 교육이 되어야 할 것이다. 마을에서 미래가 있고, 마을에서 인물이 배출되게 해야 한다. 내가 사는 마을이 자랑스럽고, 내가 사는 마을사람들에게서 자부심을 느끼는 장소가 되도록, 그리고 내가 사는 마을에서 지방자치와 민주주의, 인류를 복되게 할 씨앗이 자라게 해야 한다. 마을강좌는 이렇게 되어야 제대로 하는 것이다.

세종시의 복합커뮤니티센터내 주민자치조직활성화방안[22]

I 문제제기

세종시는 매우 특별한 도시이다. 그 태생부터가 국가균형발전과 지역발전, 그리고 국가의 경쟁력을 높이기 위한 국정과제로서 기획된 도시이다. 그리고 이러한 국정과제의 추진을 담보하기 위하여 '세종특별자치시 설치 등에 관한 법률'을 제정하여 국가의 직할로 도시건설을 추진하고 있는 것이다.

세종시의 운영에서도 행정적 재정적 자치권 등을 법률로서 보장받고 있다. 제주특별자치도에 이어서 매우 파격적인 자치권이 국가로부터 보장되어 있는 것이다. 제주특별자치도도 그렇지만, 세종특별자치시의 경우에도 이 곳에서의 자치제도 운영의 경험과 역량함양을 통하여 한국전체의 지방자치의 모델이 되어야 한다는 의미도 들어 있기 때문에,

22 한국도시행정학회(2016) 춘계학술대회 발제논문임

세종특별자치시에서 어떤 개념과 비전을 가지고 사업이나 정책, 시설 설치를 하고 있는가는 다른 지방자치단체에서도 주목할 수밖에 없다.

이런 점에서 세종특별자치시에서 복합커뮤니티센터를 설치하고 있다는 것은 한국에서 주민자치를 어떻게 해나가야 하는가에 대한 모델사업이 될 수 있다. 하드웨어만을 현대식으로 건립한다거나, 몇 개의 공공서비스시설을 복합적으로 설계하였다는 것만을 내세우면서 특별자치시의 사업으로 제시하고 있다면 이는 시대착오적이라고 할 것이다.

그래서 세종특별자치시에서는 이번 복합커뮤니티센터를 어떻게 운영하여야 하는가에 대해서 고심하여왔고, 이번에 특별자치시에 부합하는 주민자치로서 '주민자치조직'을 어떻게 만들어야 하는가와 이를 어떻게 활성화하여야 하는가에 대해서 생각하기 시작하였다는 것은 바람직한 현상이라고 할 것이다.

본 고에서는 세종특별자치시가 국가경쟁력을 향상시키기 위하여 주민자치를 어떻게 설계해야 할 것인가에 대한 제언을 하고자 한다. 이를 위해 2장에서는 주민자치와 주민자치조직에 대한 이론적 검토를 한다. 여기서 주민자치의 개념과 이상적 모델을 어디서 찾을 것인가를 다시 한번 검토하고, 이를 바탕으로 주민공동체와 주민자치체의 차이에 대해서 구분을 하고자 한다. 행정계층과 자치계층의 관계도 현대의 주민자치제도설계에서 어떻게 해야 할지를 제시한다.

제3장에서는 세종특별자치시의 법제도적 위상, 읍면동계층의 현황, 복합커뮤니티센터설치현황을 살펴본다. 제4장에서는 복합커뮤니티센터의 구조분석과 주민자치조직의 설계를 어떻게 해나가야 할지에 대한 전략을 제시하였다.

본 고는 최근에 논쟁의 이슈가 되고 있는 주민자치회의 시범실시에 대해서도 또 하나의 시사점을 던져주는 것이라고 생각한다. 기존의 주민자치회의 시범실시는 기존의 동주민센터(자치센터)에 예산을 1억에서 5억 정도를 배정하여 주어서 주민자치의 역량을 키우려고 하는 사업과는 격이 다른 방식이다. 즉 대상이 '주민'이 아니라, '커뮤니티'라고 한 점도 특이하다. 즉 동주민자치센터는 그 대상을 주민으로 하고 있지만 동(洞)의 경우 2만에서 5만 명에 이르는 주민들이 현실적으로 참여하기는 어려운 구조이다. 그러다보니, 공모라든지 동장(혹은 추천위원회)의 추천에 의하여서 임명되게 되어, 대표성을 가지기는 어렵고, 관변화한다는 지적을 지속적으로 받는다. 따라서 자생력이 없어지고, 행정이 보조금이나 지원금을 중단하면 사라질 조직이지 않는가라는 비판을 받는 것이다.

그런데, 세종특별자치시의 복합커뮤니티센터는 그 주된 대상을 '커뮤니티'로 하고 있는 것이고, 이는 생활권구역에 다양한 커뮤니티(community)가 조성되어 있어야 그러한 커뮤니티들의 '센터(center)'가 될 수 있도록 하려는 것이다. 과연 그렇다고 하면, 세종특별자치시에 다양한 커뮤니티가 조성되어 있는가와 그러한 커뮤니티들이 어떻게 복합커뮤니티센터를 운영할 것인가가 논점이 된다. 그리고 이들은 과연 자치적으로 운영할 수 있는 조례나 재정적인 기반을 가지고 있는가와 임원진들의 조직구조는 활성화되고 있는가를 묻게 된다. 본 고는 이러한 논의전개에서 하나의 시금석을 놓는다는 의미에서 발제를 하는 것이고, 추후 본격적인 '세종특별자치시다운 주민자치'를 어떻게 할 것인가에 대해서 지속적인 논의가 이어져야 할 것이다.

II. 주민자치조직에 관한 이론적 검토

1. 주민자치의 개념과 모델

주민자치는 주민이라고 하는 구성원에 초점을 둔 자치의 개념이라고 할 수 있다. 최근에 회자되는 생활자치는 공동서비스 혹은 공공재라고 하는 서비스에 초점을 둔 개념이다. 그러나 원래 자치는 공간개념이 전제된 것이다. 즉 국가의 3요소라고 할 때, 국토, 국민, 주권이라고 하듯이 자치라고 할 때도 구역, 주민, 자치권이라고 하는 3요소가 가장 본질적인 요소라고 할 수 있다.

그렇다고 하면 주민자치는 일정한 근린공간을 전제로 하면서, 그 근린공간에 거주하는 주민들이 주민자치를 위한 전제조건이고, 이에 더하여 자치권이 있을 때 비로서 '주민자치'라고 할 수 있다.

그럼에도 불구하고, 한국에 도입되어 있는 주민자치위원회나 주민자치회의 개념을 보면, 공간으로서의 읍면동을 전제하고 있으면서도 정작 주민이 주민자치의 구성원으로서 실질적으로 참여하고 있지 않다. 그래서 '주민없는 주민자치위원회'라는 비판을 받기도 하는 것이다.

또 공간의 개념도 조금 엄밀하게 보면, 읍면동이라고 하는 구역은 동사무소(동주민센터)의 동장에게 행정권이 위임되어 있는 것이고, 실제로는 시군구의 시장군구청장에게 부여되어 있는 것이다.

다시 말해, 읍면동의 주민이 읍면동 '구역의 자치권'을 가지고 있는가를 보면, 자치의 3요소를 가지고 있지 못하다. 즉 자치권을 부여한 법률적 근거가 없는 것이다. 그래서 현재의 국가행정이나 지방자치행정이 할 수 있는 것은 '구역에 대한 통치권'을 가진 상태에서 행정사무의 일부를 위임하거나 위탁하는 정도인 것이다. 그나마 주민자치회의 시범실시라는 법률적 기반을 만든 이후에나 이런 논의를 시작한 것이고, 그 이전에 주민자치센터에서는 센터의 시설운영을 위한 프로그램운영위원회에 주민들이 참여하는 수준에 그친 것이다. 그것에다가 주민자치위원회라는 이름을 붙여 놓고, '주민자치'를 할 수 있도록 기능을 부여하여 둔 것이다. 그러나 실질적으로는 주민자치를 할 수 있는 대표성이나 재원, 공동규범이 없어서 '자치'적인 활동을 하기 어렵다. 현실적으로는 지역유지들의 친목모임 정도에 불과한 경우도 있다고 하고, 행정의 전달사항을 전하는 관변적인 단체에 불과한 곳도 상당하다고 한다.

그렇다고 하면, 실질적인 주민자치(real autonomy, practical autonomy)를 어떻게 해야 할 것인가? 그리고 그러한 실질적인 주민자치의 모델을 어디서 찾아야 할 것인가?

주민자치의 원형은 뉴잉글랜드 타운정부라든지 아테테의 직접민주주의에서 찾을 수 있을 것이다. 현재의 모델로서는 스위스의 코뮨의 직접민주제를 들 수도 있다. 주민들이 자치권을 가지고 일정한 공간구역에서 직접 '자치'를 한 것이다.

먼저 스위스 코뮨의 직접민주제를 보면, 스위스에 코뮨이 2,596개가 있다(김영기, 2014:60). 이 중 인구가 가장 작은 코뮨은 12명인 곳도 있고, 가장 큰 것으로서는 376,990(취리히)인 곳도 있다[23]. 그리고 스위스 코뮨의 4/5는 주민총회를 운영하고 있고, 인구가 작은 코뮨정부는 주민총회가 의결기관의 역할을 하며, 주민들이 총회에서 직접 선출하여 구성한 '행정위원회'가 있다. 행정위원들은 무보수 명예직이고 시간제 근무를 한다

23 제네바는 188,234명이고, 바젤은 164,516명이다.

(안성호, 2005:81-103). 그러나 인구가 큰 코뮨에서는 주민이 직선하여 코뮨의회를 구성하여 정책을 결정하고, 중요한 것은 주민투표에 붙이도록 하고 있다. 코뮨의회가 있지만, 행정위원회가 있어서 집행기관의 역할을 하도록 하고 있다.

한국이 주목해서 볼 부분은 코뮨의 주민은 당연히 캔턴(canton)의 주민이 되고, 스위스 국민이 된다는 점이다. 캔턴 중에서도 주민총회를 운영하는 곳이 있는데, 현재는 글라루스와 압펜젤 내부구역(Inner Appenzel)에서 1년에 한번, 4월의 마지막 일요일이나 5월의 첫 일요일에 주민총회를 개최한다(김영기, 2014:59).

뉴잉글랜드의 주민총회(open town meeting)는 직접 민주주의의 정부형태로서 '타운에 등록한 투표권자 주민들이 일정한 절차를 거쳐서 소집된 주민회의에서 법률과 예산 등 주요 정책을 직접 결정하는 타운정부 최고·최종의 의결기관'으로 정의하고 있다(김영기, 2014:61). 주민총회는 정부형태라는 것이고, 또 주민총회는 유권자가 직접 '참여하고 결정'한다는 것이다. 그래서 주민총회는 타운의 최고·최종 결정기관이라고 한다.

이러한 타운정부의 특성은 첫째, 정책결정과 집행을 분리한다는 것이고, 둘째, 주민총회를 의결기관으로서 삼는 직접 민주제라는 것이다. 셋째로 주권재민의 실현이며 넷째, 무보수 명예직 공직자를 폭넓게 활용한다는 특징을 가진다. 최근에는 타운정부의 기관구성에서 집행기관으로서 타운매니저(town manager)를 도입하여 타운매니저에게 상당한 정도의 인사권과 조직권을 부여하고 있다는 점이다.

한국의 주민자치의 새로운 모델을 설계할 때, 이러한 스위스의 코뮨이나 미국의 타운정부의 운영시스템을 분석하여 실질적인 주민자치(RA, real autonomy) 혹은 순수한 주민자치(PA, pure autonomy)를 도입하는 것을 고려하여야 할 것이다.

2. 주민공동체와 주민자치체

문제는 한국의 경우 읍면동주민자치회의 경우 인구규모가 너무 크다는 것이다. 최소한 2만명이 되는 것이 '동'이고 통합동이나 아파트단지가 중심이 된 동에서는 5만명도 넘는 경우가 있다는 것이다. 2만명에서 5만명에 이르는 주민들이 주민총회를 하기는 무리란 것이다. 그렇다고 하면, 어떻게 주민자치를 해야 할 것인가?

만일 면단위의 경우에는 주민총회형태의 주민자치를 생각할 수 있을 것이다. 인구가 2천에서 1만명 이내이다. 따라서 1년에 한번 정도 주민총회로서 모일 수도 있을 것이다. 반의 평균 인구가 40명에서 200명내외이다[24]. 이 정도의 규모이면 반 별로 주민총회를 할 수 있을 것이고, 마을공동체를 형성할 수 있을 것이다[25]. 그리고 실질적으로 마을의 주민들은 생활 속에서 하나의 공동체의식을 가지고 살아가고 있는 것이다.

여기서 공동체와 자치체를 구별할 필요성이 있다. 공동체는 보다 친밀한 유대감과 호혜성을 가지고 있는 주민들의 모임이라고 한다면, 자치체는 자치공동서비스를 공급할 목적으로 공동규범을 만들고, 자치회비를 거두어서 이를 바탕으로 공동서비스를 공급하는 근린생활정부를 구성하는 것을 의미한다. 따라서 양자간에는 주민자치를 생각할 때 '계

24 세종특별자치시의 경우. 연기면이 40명정도이고 부강면이 200명이다.

25 지역에 따라서는 이를 '리'라고 하기도 하고, 리를 몇 개로 나누어서 리장을 선출하기도 한다고 한다(충남 태안군 이원면 내리의 경우)

층'의 개념을 도입하여 구분하여야 한다.

이러한 발상은 아테네의 직접민주주의의 민회(ekklesia)의 구성에서도 이미 나타나고 있는 것이다. 즉 고대 그리스의 아테네와 스파르타 같은 도시국가(polis, city-state)는 750개정도가 있었는데, 아테네는 가장 인구가 많고, 면적도 두 번째로 컸다. 그럼에도 이미 기원전 5세기경에 민회(assembly)라고 하는 모임을 통해서 다수결로 법률과 정책을 결정하였다는 것이다(Lancaster & Roberts, 2004:37).

아테네의 민회의 구성을 살펴보기 위해서는 먼저 지방구역의 분할을 어떻게 되었는가를 살펴볼 필요가 있다. 아테네는 '자치마을(deme)-부족(tribe, phyle)'이라고 하는 계층구조가 있었다. 도시국가로서 아테네는 139개의 자치마을이 있었고, 부족은 10개가 있었다.

자치마을(deme)은 마을회의(agora)에서 추첨이나 선거로 1년임기의 촌장(a demarchos)을 두었고, 촌장주재하에 마을사람 모두가 참여하는 회의인 아고라가 있었다. 아테네의 도시국가의 일도 마을단위로 전개되었다.

부족(tribe)은 주로 군대편성시에 기준이 되는 것이었고, 평의회의 구성도 부족단위로 조직되지만, 자치마을단위가 기준이 되었다. 부족에서 50명의 평의원을 대표로 내보내지만, 평의원의 선발은 자치마을별로 인구에 따라서 선출된 것이다.

부족은 아테네 역사의 영웅들의 이름이나 행적을 쫓아서 명칭이 부여되었다(김영기, 2014:35). 부족단위로 공직자단(magistrates)을 선발했다. 또 부족을 10개의 섹션으로 나누어서 섹션별로 5명씩 선발하여 50명을 부족의 대표로 삼은 것이다. 또 시민법정의 배심원도 각 부족단위로 배정되는데 600명을 선발해서 6천명의 배심원단을 구성하였다.

여기서 주민자치와 관련하여 주목할 것은 민회의 구성이 2단계의 계층을 구성하고 있다는 것이다. 바로 자치마을과 부족이라고 하는 2층계층인데, 자치마을과 부족은 현재의 개념으로 하면, 공동체라고 할 수 있을 것 같고, 도시국가로서의 폴리스의 기관구성조직인 민회는 자치체에 해당하는 것이다.

한국에서 주민자치회를 구성한다고 하여 주민자치체를 만들려고 한다고 하면서, 주민자치구역의 계층과 얼개에 대해서 고려하지 않고 있었던 것이 실패의 주요한 원인이 아닌가 한다. 세종특별자치시에서 주민자치조직을 제대로 구성하여 활성화하려고 한다면, 필수적으로 고려해야 할 사안이라고 할 수 있다.

3. 행정계층과 자치계층

주민자치를 설계할 때, 국가의 개념과 무관하게 생각하기 어렵다. 현대의 국가는 근대이후의 민족국가, 절대왕정의 소산이라고 할 수 있다. 국가로부터의 자치권을 확보하여야 한다는 제도적 보장설이 다수설에 해당한다고 할 때, 고유권설에 입각한 지방자치권을 주장하기는 쉽지 않다. 또 주민자치를 생각할 때도, 주민자치권은 국가나 지방자치단체로부터 제도적으로 보장된다고 해야지, 이를 무시하고 고유권설만을 주장하기도 어렵다.

이렇게 보면, 주민자치를 설계할 때도 주민들의 근린생활자치를 의미하는 자치계층만을 고려해서는 안되고, 국가나 지방자치로부터의 자치권의 보장이란 관점도 고려하여 제도설계를 하여야 한다.

여기서 주민자치가 실질적이 되게 하기 위해서는 행정계층의 관할구역의 크기와 역할분담을 어떻게 하도록 하는가가 중요한 논점이다. 행정계층의 관할구역을 주민자치구역과 중복되게 설정해서는 안된다는 점이다. 최소한 행정계층의 관할구역은 주민자치구역보다는 광역적으로 구역의 크기를 설계하여야 한다. 만일 양자를 겹치게 설계하게 되면, 그 구역은 행정계층이 우선적이 되고, 관치(官治)화 할 가능성이 크다. 자치(自治)다운 자치가 되게 하기 위해서는 행정으로부터 구역에 대한 자치권을 이관(devolution)받는 법제도가 구비되어야 한다.

현재의 한국의 지방자치구조에서 단체자치는 광역시도-시군구에 2층제로 지방자치를 실시하고 있다. 그렇지만, 주민자치는 읍면동이라고 하는 단층제로 설계되어 있다. 그러면서 동사무소(동주민센터)라고 하는 동장을 임명하고 있고, 읍면동의 민원행정과 복지사무를 처리하고 있다. 그렇지만 주민자치를 위한 자치권의 이관이란 개념은 지방자치법상에는 언급이 없다. 다시말해 한국의 경우에는 주민자치를 법률적으로 인정하고 있지 않는 것이다. 행정통치만 있고, 주민자치가 없다는 비판을 받는 것이나, 지방자치는 단체자치만 되어 있어 '행정관료들만의 자치'라는 비판을 받는 이유가 여기에 있다.

주민자치를 실질적으로 추진하여 특별자치시로서의 위상에 부합하는 주민자치를 실시하기 위해서는 '자치계층'을 설계하여야 한다. 복합커뮤니티센터를 설치하는 것만으로 국가경쟁력을 높이는 것이 아니다. 소프트웨어인 주민자치와 커뮤니티에 대한 자치계층구조를 통하여 국가경쟁력이 높아질 수 있는 제도를 설계하여야 한다. 주민자치조직의 제도적 설계가 중요하고, 이것이 세종특별자치시다운 것이 될 수 있도록 '제도설계(institutional design)되어야 한다. 복합커뮤니티센터라고 하는 건물설계만에 만족할 일이 아니다.

III. 세종특별자치시와 주민자치의 선도모델

1. 세종특별자치시와 주민자치

세종특별자치시는 행정과 재정의 자주권을 제고하기 위한 도시이고, 국가 균형발전을 선도하는 구심점 역할을 할 것이 기대되는 도시이다. 그리고 이를 위하여 국가의 책무로서 특별자치를 위한 시책이나 방안을 마련하도록 의무지우고 있다[26].

원래 세종특별자치시의 조성은 행정중심복합도시와 관련된다. 수도권의 과도한 인구집중으로 인한 부작용을 시정하기 위하여 행정중심복합도시를 참여정부 때 만들기로 결정되고 추진된 것이다. 그리고 세종특별자치시는 지역개발과 국가균형발전을 도모하고, 국가경쟁력을 강화한다는 목적을 가지고 있다(세종특별자치시설치등에 관한 법률 1조).

그래서 세종특별자치시의 설치를 통하여 인접지역과의 상생발전을 위한 시책이나 지원방안을 마련하여야 하는 것이 국가의 책무로 되어 있기도 하다.

이러한 목적을 달성하기 위하여 국가는 '직할'로 세종특별자치시를 설치한 것이다. 통상적인 지방자치단체의 체계와는 다른 '특별'취급도 하도록 되어 있다. 도시의 형태를 갖춘 곳에는 동을 설치하고, 그밖의 지역에는 읍면을 설치한다.

특례로서는 15조의 조직특례[27], 14조의 재정특례, 19조의 공직선거특례, 20조의 조례제정개정폐지청구의 특례[28] 등을 들 수 있다. 그 외에도

---

26 세종특별자치시 설치등에 관한 법률 제3조

27 행정기구의 설치와 지방공무원의 정원을 대통령령이 정하는 바에 따라 시조례로 정할 수 있다.

28 주민의 1/100에서 1/20으로 청구할 수 있도록 하고 있다.

29조의 지방자치단체기금관리의 특례[29], 28조의 국가균형발전특별법의 광역지역발전계정에 별도의 계정을 설치하도록 하고 있다.

또 특례로서 감사위원회를 설치하도록 하고 있는 것(21조)이라든지, 주민참여예산제도에 대해서 시장이 예산편성과정에 주민공모방식에 의해 참여할 수 있도록 하고 있다. 그 범위와 선정방법, 절차, 참여과정은 시조례로 정하도록 하고 있다(30조).

지방자치가 주민자치와 단체자치로 구성된다고 할 때, 세종특별자치시는 국가로부터 행정과 재정의 자치권을 제고받은 도시라고 할 수 있다. 즉 단체자치의 관점에서는 상당한 정도의 자치권을 특별히 부여받은 도시이다.

그렇다고 한다면, 세종특별자치시가 국가경쟁력강화를 위하여 주민자치의 관점에서도 특별한 자치를 할 수 있도록 시책이 강구되어야 할 것이다. 이를 위해 주민자치에서도 복합커뮤니티센터를 설치한 것이라고 한다면, 이것은 세종특별자치시의 설치 등에 관한 법률에 부합하는 것이라고 할 수 있다.

그러나 주민자치의 실질화는 하드웨어로서 주민센터나 자치센터를 대규모로 건설하는 것에 그쳐서는 안될 것이다. 주민자치의 핵심은 주민이므로, 주민들이 공동체를 형성하고, 이를 바탕으로 자치체를 구성할 수 있도록 자치의 정신과 철학을 가지고 지원할 수 있어야 할 것이다.

29 기금의 존속기간을 대통령령으로 정하도록 되어 있는 것을 시의 조례로 정할 수 있도록 함

2. 세종특별자치시의 읍면동계층현황

세종특별자치시는 광역지방자치단체라고 지방자치법상에서는 간주하지만, 실질적인 인구규모로서는 기초지방자치단체 정도의 규모이다. 인구 22만정도로서 4개의 동과 9개의 면, 그리고 1개의 읍으로 구성되어 있다.

도시지역은 동으로 되어 있고, 아름동, 도담동, 한솔동, 종촌동의 4개가 그것이다. 농촌지역은 면으로 되어 있고, 소정면, 전동면, 연서면, 전의면, 금남면, 장군면, 부강면, 연동면, 연기면의 9개가 그것이다. 읍은 조치원읍 한 개다.

먼저, 동지역의 면적과 인구, 행정계층으로서의 통반의 현황을 보면 다음과 같다

동	면적(㎢)	세대	인구	행정계층
아름동	8.69	22,848	69,208	57통423반
도담동	4.72	11,013	28,648	27통160반
한솔동	14.9	6,780	21,043	22통180반
종촌동	1.15	8,775	26,944	21통157반

참조: 세종시 홈페이지. 인구는 2015.11월 기준으로 작성

하나의 동의 인구규모가 2만명 정도되고, 특히 아름동의 경우는 7만명에 이르고 있어서, 과연 하나의 공동체가 되기에는 규모가 너무 크다고 할 것이다. 자치체를 구성하기 위해서는 개인단위로서의 참여가 아닌 공동체나 지연단체 등의 대표로서 참여하도록 조직설계를 해야 할 필요성이 있다.

다음은 농촌지역에 대한 면적과 인구, 리반의 현황을 보자

면	면적(㎢)	세대	인구	행정계층
연기면	43.9	1,284	2,565	12법정리(15행정리) 58반
금남면	78.7	4,435	9,710	43통 170반
장군면	52.23	2,882	5,804	23통 93반
부강면	27.7	3,062	6,711	8통 31반
연동면	28.3	1,857	3,745	26통 69반
소정면	16.47	1,303	2,880	11통 35반
전동면	57.7	2,257	4,125	23통 60반
연서면	54.6	3,545	7,654	26통 131반
전의면	62.4	3,159	6,674	33통 104반

참조: 세종시 홈페이지. 인구는 2015.11월 기준으로 작성

다음은 조치원읍의 경우를 살펴보자. 조치원읍은 면과는 그 인구규모면에서 격이 다른 것을 알 수 있다. 도시지역의 동과 유사한 정도 혹은 그 이상의 규모를 가지고 있는 지역이다. 즉 도시형태는 아니지만, 도시와 유사한 정도의 인구규모를 가진 농촌지역에 읍을 설치하고 있는 것을 알 수 있다.

읍	면적(㎢)	세대	인구	행정계층
조치원읍	13.56	18,750	46,194	32통520반

참조: 세종시 홈페이지. 인구는 2015.11월 기준으로 작성

여기서 세종특별자치시의 주민센터의 시설현황을 살펴보자. 도시형태의 지역은 복합커뮤니티센터를 설명할 때 설명하고, 여기서는 면과

읍의 주민센터의 시설현황을 살펴보자. 소정면과 전동면은 주민센터에 복지회관이 같이 있는 구조이고, 부강면은 별관을 따로 두고 있는 구조이다. 농촌지역은 주민자치에 대한 소통의 허브라든가 생활자치서비스의 센터라는 개념이 그다지 없는 것을 알 수 있다. 행정계층의 지역관할 사무소로서 시군구의 사무중의 하나인 보건소지소라든가 예비군중대 등의 행정서비스의 지역거점으로 활용되고 있는 것을 알 수 있다.

면, 읍	1층	2층	3층	복지회관/별관	비고
연기면	연기면사무소 (보건지소, 면대)				농업기술센터남부지소, 제주도세종사무소
금남면	사무실(주민생활지원, 민원)	사무실(총무, 산업담당)	회의실	별관1층(복지회관, 보건지소, 의용소방대)	별관2층(농업인상담소, 예비군중대)
장군면	민원실, 헬스장, 보건지소	회의실, 면장실			
부강면	면사무소(민원인용 컴퓨터)	면장실, 회의실			
연동면	면사무소	면장실, 문서고, 회의실			
소정면		대회의실	다목적실	체력단련(1층), 작은도서관(2층)	
전동면	민원실, 문고, 주민상담실	회의실		짚풀공예사업단(1층), 프로그램운영(2층)	
연서면	면사무소, 보건소, 소방지소	다목적실, 농업인상담소장실, 헬스장			봉악출장소-사무실, 예비군중대, 회의실
전의면	민원실, 주민상담실,	회의실, 프로그램운영			

	농업상담소				
조치원읍			취미교실, 대강당		지하(소리교실)

출처: 세종특별시청 홈페이지 참고 저자작성

3. 복합커뮤니티센터의 설치와 주민자치선도모형

세종특별자치시에서 복합커뮤니티센터가 설치된 것은 도시지역에 해당하는 4개의 동지역이다. 새롭게 도시가 계획되고 조성된 곳이기도 해서, 이곳의 주민들은 주로 세종특별자치시 이외의 곳에서 이주해온 사람들이기에 마을공동체라고 할 만한 것이 없었던 곳이라고 할 수 있다. 그래서 세종특별자치시에서는 최근 주민센터의 복합화라고 하는 트렌드를 반영하여 근린생활을 하는 주민들이 공공서비스를 종합적으로 이용할 수 있고, 다른 공공재들간에 상호 융합이용이 가능한 복합주민센터의 개념을 도입한 것이라고 할 수 있다.

복합주민센터는 마을사랑방기능을 하는 곳과, 정부 3.0시대에 맞춤형 one-stop행정서비스를 제공하기 위한 유형으로 구분할 수 있다.

마을사랑방기능을 하는 곳으로서는 마을경로당과 마을회관의 기능에다가 쌈지 도서관을 복합한 것이다. 부산 남구 문현4동의 주민복합센터를 들 수 있다. 이것은 기존의 마을회관을 허물고 경로당과 도서관을 복합한 것이다. 지상3층에 417.77m^2에 예산은 8억6천만원이 들었다고 한다. 도시주거환경정비사업의 일환으로 추진되었다[30].

또 복합주민센터가 맞춤형 one-stop행정서비스를 제공하기 위한 것

30 부울경뉴스. 2014.8.23. 참조

도 있다. 내포신도시는 충남도청이 이전해 간 곳이다. 새로운 이주민들에게 필요한 행정서비스를 one-stop으로 해주기 위하여 홍성군 홍북면 내포출장소와 홍성군 보건소 내포지소를 복합주민센터로 이전시켜서 주민들이 주민등록, 세무, 사회복지 등의 민원관련업무와 함께, 내과, 치과, 한방진료를 동시에 받도록 한 것이다.

또 2층에는 전산교육장, 작은도서관, 체력단련장도 설치하였다. 지하 1층, 지상3층의 주민복합센터는 토지매입비 19억, 건축비 49억이 들었다[31].

세종특별자치시는 근린생활의 주민자치를 선도할 목적을 가지고 복합커뮤니티센터를 설치한 것으로 보인다. 명칭을 복합주민센터라고 하지 않고, 커뮤니티 센터라고 한 것에는 공동체(community)를 특별히 강조하려는 의도가 들어 있는 것이지 않은가 한다. 서울시 등에서 도시지역의 마을공동체를 만들기 위하여 다양한 시책을 실시하고 있는 것과 최근 우리 사회에서 공동체에 대한 관심이 점증하고 있는 것을 반영하여 커뮤니티센터라고 한 것이지 않은가 한다.

세종특별자치시는 도시형태의 구역인 아름동, 도담동, 한솔동, 중촌동에 복합커뮤니티센터를 설치하였는데, 그 규모나 설계면에서 통상적인 주민센터와는 특별히 다른 것을 알 수 있다. 아름동 복합커뮤니티 센터의 경우, 사업비가 577억원이 들어간 것이다. 부지는 26,338㎡로서 연면적이 1만 9,015㎡에 이른다. 지하1층과 지상4층의 규모이다. 보육시설, 도서관, 회의실, 스포츠시설이 복합적으로 구성되어 있어서 주민들이 하나되는 공간이 되고 있는 것이다. 또 이용자의 편의를 위하여 점자안내판도 도입되어 있다.

---

31 아주경제. 2015.3.30. 참조

세종특별자치시에 설치된 복합커뮤니티센터의 시설구성을 살펴보면 다음과 같다.

	한솔	아름	도담	종촌
5층				공공도서관
4층	강의실 중대본부	도서관		문화의집
3층	도서관대강당 체력단련실	문화의집 다목적강당	문화의집 문화관람실 도서관	인재육성재단사무실 알파룸
2층	강의실 사이버실 자원봉사실	드림스타트 어르신여가센터 민원콜센터	주민자치위사무실 급식지원센터 회의실 보건지소	공립지역아동센터 노인문화센터
1층	보건지소 MDF실 민원실	주민센터 보육시설 북카페 회의실 어르신여가시설	동주민센터 아이누리어린이집 세종여성새로일하기센터 공동육아나눔터	주민센터 종촌어린이집 예비군동대
지하				주차장/체육관

참조: 홈페이지를 참고하여 저자작성

세종특별자치시는 생활권별로 2026년까지는 22개의 복합커뮤니티센터를 짓는다고 한다[32]. 복합커뮤니티센터는 원스톱행정서비스시설이라고 할 수 있다. 그리고 무장애시설로 인정을 받는 것을 통하여 주민의 이용편의를 도모하고 있다.

이춘희시장의 6.4지방선거공약을 보면, 조치원읍과 면지역에도 1개씩 복합커뮤니티센터를 건립한다는 내용이 있다

32 2030년까지는 30개를 건립하고자 함

한편, 이충재 행복청장은 사회적 약자가 편리한 도시가 명품도시라고 하면서, 도시경쟁력을 향상시키기 위하여 복합커뮤니티센터를 건립한다고 한다.

Ⅳ. 복합커뮤니티센터의 구조분석과 주민자치조직

1. 복합커뮤니티센터의 구조분석

종촌동 복합커뮤니티센터는 자치시로서의 국가경쟁력을 가지도록 하기 위하여 BF의 개념을 도입하였다. 즉 고령화시대에 부응하여 무장애공간(barrier free)란 개념을 도입하여 고령자나 장애인도 정상인과 다름없이 커뮤니티센터를 이용할 수 있도록 설계한 것이다. 또 신재생에너지를 이용한 친환경녹색건물이란 개념도 도입되었다.

1-3생활권의 광역복지센터라는 개념도 가지고 있고, 제천이 흐르는 수변공원을 가지고 걸어서 5분의 거리에 one-stop행정서비스를 받을 수 있도록 하면서 문화와 여유를 즐길 수 있도록 설계되었다. 주민소통공간도 될 수 있도록 토지이용의 효율성을 높였다고 한다. 이웃과 더불어 사는 새로운 도시문화를 만들어 나갈 수 있도록 공간설계를 한 것이다.

종촌동 복합커뮤니티센터는 세종특별자치시에서 5번째 건립된 복합커뮤니티센터로서 2015년4월에 개관하였다. 1층은 어린이집, 2층은 지역아동센터와 어르신여가시설, 3층은 알파룸, 4층은 문화의 집, 5층은 도서관으로 구성된 복합시설이다. 4층과 5층의 건물설계는 공주석장리의 타제석기를 본떠서 만들어졌다.

행정과 문화, 복지와 체육서비스를 복합적으로 제공하기 위한 공간이다. 298억원이 투입된 것으로서 8,109㎡의 부지에 1만2,502㎡의 시설을 가지고 있다. 이것을 건립한 한국토지주택공사에서도 BF개념에 중점을 두고 건설하였다고 한다. 그래서 예비인증 우수등급을 받기도 하였다고 한다[33].

구체적인 사례를 살펴보면 다음과 같다. 시각장애인을 위한 점자안내판이 설치되었고, 장애인을 위한 경사로를 만들어서 접근성이 좋게 하였다. 화장실도 터치식 자동문으로 하였고, 샤워실에도 휠체어에서 옮겨 앉을 수 있는 의자도 설치되었다. 높낮이를 조절할 수 있는 샤워기도 설치되었다. 옷장은 휠체어가 들어갈 수 있는 공간도 마련하였다. 체육관에는 휠체어 전용의 관람석 6곳도 설치하였다.

---

33 현재는 최우수등급을 받았다고 함(세종특별시 3기 블로그기자단 원고중)

그렇지만, 문제점도 지적되고 있다. 남녀샤워실에 남녀구분의 점자표지판은 있지만, 앞바닥에 점자블록이 없다든가, 음성안내기나 직원호출벨이 미설치되었다는 지적도 있다. 또 옷장도 전동휠체어나 전동스쿠터는 들어가기 어렵다는 지적도 있다.

또 장애인 화장실도 2층과 3층에 남녀비장애인화장실 입구에 별도로 마련되어 있지만, 다른 층에는 비장애인화장실 내부에 설치되어 있는 한계도 있다[34].

친환경적 관점에서 보면, 체육관이 지하에 있지만, 자연채광이 되도록 설계한 것이라든지, 이층관람석에서 보면, 화초와 잔디를 볼 수 있도록 하여 지하공간이란 느낌이 전혀 들지 않도록 하고 있다. 또 지하에 체육관을 설치함으로써 열효율을 높일 수 있어 에너지를 절약할 수 있다.

또, 2층과 지역아동센터와 어르신여가센터는 옥상의 정원으로 이어지도록 설계되었고, 근린공원, 베트민턴장 등도 배치하여 자연을 즐길 수 있도록 하였다.

다음은 아름동의 복합커뮤니티센터에 대해서 구조분석을 해보면 577억원이 들었고, 지하1층에서 지상4층까지 2만6,338m^2의 부지에 연면적 1만 9,015m^2의 시설을 가지고 있다. 아름동도 기본적으로는 행정업무를 하면서 문화, 복지, 건강서비스를 one-stop으로 제공할 수 있는 목적으로 설계되었다. 그래서 복합커뮤니티센터 내에 도서관, 문화의집, 보육시설, 지역아동센터, 노인복지시설이 복합적으로 들어 있을 뿐만아니라, 인근에 스포츠센터와 공공청사로서 경찰지구대, 우체국, 세종소방

34 에이블뉴스 2015.4.23

본부 등을 두고 있다.

특히 스포츠센터에는 수영장, 체육관, 체력단련실, 에어로빅, 근린운동장으로서 풋볼장이 있어서 건물의 활용도를 높이고 있다. 또 인근의 초중고등학교에서 체육관시설을 이용할 수 있고, 주민생활체육발전에도 기여할 수 있도록 하고 있다. 한마디로 주민복합센터를 중심으로 주민들의 생활반경이 형성되는 허브가 되도록 하고 있는 것이다.

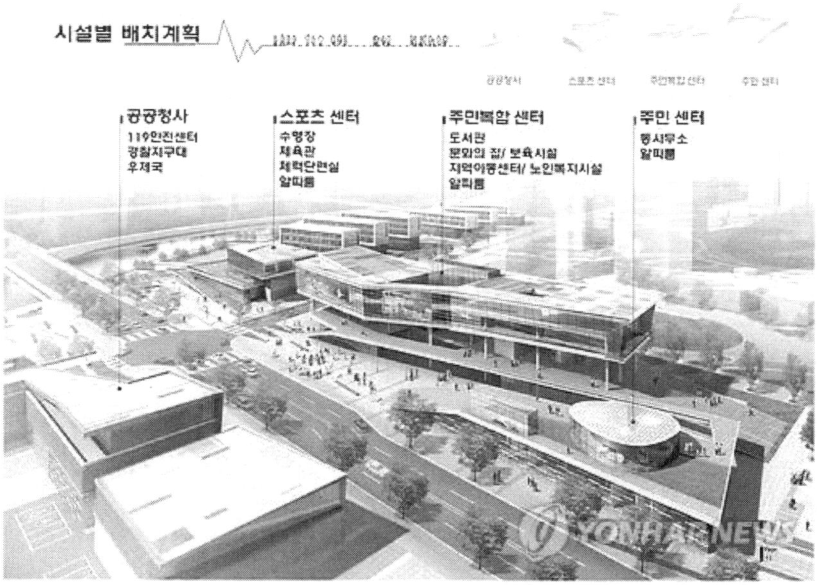

아름동은 1-2생활권의 거점 복합시설이 되게 된다. 2-3생활권에 한솔동(2012.7월 건립)에 최초로 건립되었고, 1-4생활권에 도담동(2014.2월 건립), 1-5생활권의 어진동에 이어서 4번째로 건립된 것이 아름동의 복합커뮤니티센터이다.

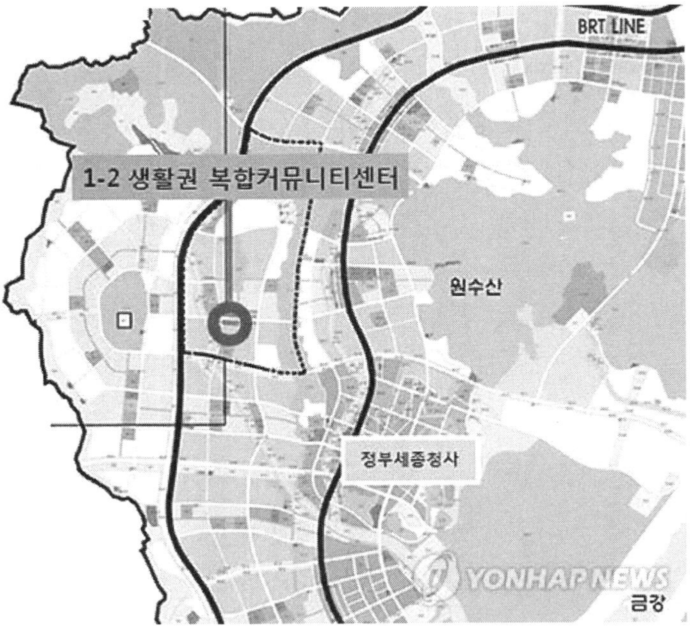

세종특별자치시에는 법정동이 14개가 있는데, 인구가 점점 늘어나면서 행정동으로서의 복합커뮤니티센터가 건립되는 것이다. 법정동은 원래 우편물이나 부동산 등의 공부(公簿)상의 행정구역인데 비하여, 행정동은 주민들의 거주지역을 행정서비스공급의 편의를 위하여 지방자치단체가 구역을 정한 것이다.

문제는 이러한 복합커뮤니티센터의 건물설계는 이루어졌으나, 이에 부응하는 주민참여와 지역커뮤니티가 형성되도록 어떻게 지원하고, 또 커뮤니티만들기와 주민자치체 만들기는 어떻게 해야 하는가가 앞으로의 과제이다. 특히 복합커뮤니티센터의 운영을 주민자치적으로 어떻게 하게 할 것인가가 과제일 것이다

2. 주민자치조직형성을 지원하는 방법

세종특별자치시의 주민센터와 자치센터를 지으면서 복합시설로서 구성한 것은 최근의 도시화된 지역의 근린생활의 허브역할을 하도록 한다는 의미에서 중요한 포인트이다. 그런데 여기서 단순히 복합시설이라고 하지 않고 커뮤니티(community)란 개념을 사용하고 있는 것에 주목해야 한다. 즉 복합커뮤니티센터라고 함으로써 근린생활의 다양한 커뮤니티가 복합적으로 사용하는 중심거점이란 의미이다.

따라서 다양한 커뮤니티가 형성되고 존재하고 있는 것이 먼저이고, 이들이 복합적으로 이용하는 공간거점으로서의 커뮤니티센터가 되어야 할 것이다. 물론 커뮤니티가 없는 상태에서 먼저 시설을 짓고, 나중에 입주자들이 들어오면 점차로 커뮤니티를 형성하도록 할 수 밖에 없지 않느냐는 현실론도 타당하다.

그렇다고 하면, 이제 커뮤니티센터를 복합적으로 지었으니까, 근린생활구역안에 다양한 커뮤니티가 조성되도록 지원하여야 한다.

물리적으로 먼저 복합시설을 짓고 시설용도를 지정하고 있기 때문에 과연 커뮤니티가 다양하게 형성될 수 있을지는 의문이다. 또 행정관청이 먼저 시설을 짓고, 주민들의 수요를 미리 파악하여 공동체의 형성현황을 지켜볼 수 있는 시간을 가지지 못하였기에 과연 공동체가 제대로 형성될 수 있을지도 의문이다.

주민자치를 논하면서 자치(自治)아니라 관치(官治)라는 지적을 많이 받는데, 전형적인 관치의 형태가 되어 버리고 만 것이다. 과연 자치적인 커뮤니티 형성이 어떻게 가능할지가 과제이지 않을 수 없다. 행정관청이 만들어 놓은 시설의 운영에 참여하는 정도의 커뮤니티를 인위적으로 만들려고 생각한다면, 관변적인 단체로 될 위험성도 있다.

시민적 관점에서 다양하게 근린생활공간에서 마을공동체가 형성하게 지원하고 조성해주어야 하는 과정을 먼저 가져야 할 것이다.

건축설계에서 친환경과 BF의 개념을 도입하여 매우 수준높은 복합커뮤니티시설을 하드웨어차원에서 만들었던 만큼, 소프트웨어에서도 PA(pure autonomy)의 개념을 도입하여 진정한 자치, 자치다운 자치를 어떻게 도입할 수 있을지 설계되어야 할 것이다.

이를 위해서 먼저 복합커뮤니티센터를 둘러싸고 있는 동구역에 어떤 주민공동체, 마을공동체가 있는지가 파악되어야 할 것이다. 특히 세종특별자치시의 복합커뮤니티센터가 설치된 곳은 아파트단지가 중심이 되어 있는 거주지역이고, 특히 지역의 연고가 없이 세종특별자치시 이외의 곳에서 중앙정부의 행정부처나 국책연구기관 등이 이전해 오면서 이주해온 주민들이므로 이들이 지역생활에 뿌리를 내릴 수 있도록 마을공동체(community)만들기에 초점을 둔 사업이나 프로그램이 필요할 것이다.

또 아파트단지를 중심으로 입주자대표회의가 어떻게 형성되고 있는가와 주민자치적 철학과 가치를 가지고 운영되고 있는가도 모니터링할 필요가 있다. 2장에서 살펴보았듯이 주민자치에도 계층이 있을 수 있다는 것을 알고, 주민공동체와 주민자치체의 구분에 입각한 커뮤니티 정책(community policy)을 수립하여야 한다.

세종특별자치시가 지방자치다운 자치를 위한 커뮤니티 정책을 수립하고자 한다고 하면, 커뮤니티 정책기본계획을 수립하여야 할 것이고,

커뮤니티 정책을 관리할 전담조직도 설치하여야 할 것이다. 자치국 혹은 커뮤니티 정책국을 설치하여야 할 것이다. 그리고 생활권역별로 출장소를 두어서 자치행정관리의 편의를 도모하는 것은 무방할 것이다.

현재는 세종특별자치시의 조직도를 보면, 행정복지국, 균형발전국, 경제산업국, 시민안전국, 건설도시국, 기획조정실과 같은 구조로 국 조직만도 6개나 되고 있다. 물론 인구 50만을 염두에 둔 조직이라고 하여 이렇게 국의 수를 많이 두고 있는지는 모르지만, 현재의 인구규모가 20만정도라는 것을 감안하면 현실에 부합하지 않는 조직구조라고 할 수 있다.

세종특별자치시가 진정으로 자치다운 자치를 하고자 한다면, 국 명에서도 자치국이나 자치행정국이 들어가 있어야 한다. 그리고 여기서는 커뮤니티행정을 제대로 할 수 있는 인력구조, 예산구조, 조직구조를 구비하여야 한다. 커뮤니티행정에 대한 해외사례를 조사하고, 커뮤니티행정에 대한 전문성을 가지고 할 수 있는 개방직 공무원도 채용해야 할 것이다.

또 국을 설치하고자 한다면, 기능별 분류보다는 구역별 분류라고 하는 '자치성을 가진 조직구조'로의 재편이 필요하다. 생활권1국, 생활권2국, 생활권3국과 같이 생활권역을 종합적으로 관할하는 자치행정지원 조직을 설치하는 것이다. 그리고 각 생활권을 담당하는 국에는 기능적 담당팀을 둠으로써 보다 생활권역에 거주하는 주민들의 필요와 수요에 부합하는 맞춤형 조직구조로 개편할 필요가 있다.

물론 이 경우에 각 생활권역을 담당하는 국을 기획하고 조정할 시장 직속의 기획조정실을 두는 것은 필요하다.

3. 주민자치조직활성화를 위한 전략

순수한 자치(PA)의 개념은 주민들이 근린생활공간의 주권자라는 생각을 가지고 근린생활정부를 구성하고 참여하는 주인의식을 가지고 있는 자치이다. PA의 개념은 미국민주주의의 뿌리로서 토크빌(Alexis de Tocqueville)이 극찬을 하였던 뉴잉글랜드의 주민총회(open town meeting)의 개념이나 아테테의 민회(ekklesia, assembley)의 개념에 입각한 자치를 의미한다. 직접민주주의라고 하기도 한다.

세종특별자치시의 도시지역은 아파트단지가 중심이 된 곳이다. 따라서 첫째, 공동체의 형성을 확인하여야 한다. 즉 아파트단지별로 입주자대표회의가 제대로 형성되고 운영되고 있는지를 확인하여야 한다. 또 아파트단지별로 다양한 취미, 여가, 사회적 기업, 사회적 협동조합, 공동육아커뮤니티 등 커뮤니티활성화가 되고 있는지를 확인하여야 한다.

둘째, 복합커뮤니티센터의 시설운영위원회를 주민참여적으로 구성할 것이 목적인지, 아니면 진정으로 주민자치를 생활권역별로 만들어주는 것이 목적인지를 선택하여야 한다. 만일 전자가 목적이라고 한다면, 현재의 주민자치위원회와 같은 방식의 '협력형 주민자치회'로서 충분하다. 그러나 이 경우에는 주민자치는 형식화되고, 관변적인 단체로 전락할 가능성이 높다.

세종특별자치시는 지방자치를 통하여 국가경쟁력을 강화하고, 지역발전과 지역균형발전에 기여하여야 한다는 국가시책에 부응하기 위하여 '자치'를 과연 어떻게 해야 하는가에 대한 성찰이 있어야 한다.

진정한 자치를 위해서는 상향적(bottom-up)으로 자치계층이 형성되어야 한다. 이를 위해서는 아파트입대위, 학교운영위원회, 사회적 기업, 사회적 협동조합 등 공공성을 가지고 운영되는 지역커뮤니티 '법인' 들의 대표들이 자치체를 형성하도록 해야 할 것이다. 그리고 이들 근린생활권역 자치체에, 세종특별자치시는 생활권역에 대한 공공자치서비스를 공급하는 자치권을 이관(empowerment)하여야 할 것이다.

셋째, 근린생활권역에 대한 근린생활공공자치서비스를 공급하는 자치권이 이관되면, 주민총회를 열어서 운영위원회를 선출한다. 주민총회는 실제로 근린생활권역에 사는 모든 주민들이 다 참여할 수는 없을 것이므로, 그리스 아테네의 민회(ekklesia)구성을 할 때 하였던 방식대로 모든 주민들을 대상으로 하되 선착순으로 일정한 수가 모이면 민회가 구성되는 것으로 간주하는 것이다.

물론 운영위원회의 선출은 근린생활구역(아파트단지)의 대의원들이 모여서 선출할 수 있다. 근린생활구역의 공동체의 대표자들로서 대의원회를 구성할 수 있을 것이다. 또 대의원들 중에서 추첨으로 운영위원회를 구성하는 것이다. 이것 역시 아테네의 직접민주정의 얼개에서 유출할 수 있다.

넷째, 근린생활자치를 위한 전문성의 고려이다. 근린생활자치를 전문적으로 처리할 수 있는 근린구역 매니저를 지역인재 중에서 청빙하는 것이다. 행정의 전문성을 가지고 있는 지역인재를 전문성을 평가하여 선출하는 것이다.

다음으로 근린생활자치에서 다양하게 발생할 수 있는 주민들간의 분쟁이나 지역문제에 대한 조정이나 판결을 할 수 있는 근린생활법정을 구성하는 것이다. 근린생활법정의 재판관은 주민 중에서 신청한 사람 중에서 추첨하는 방식을 채택한다. 그리하여 배심원으로 일정 수를 선출하고, 재판당일 배심원 중에서 추첨하는 방식으로 재판권을 주민 중에서 구성하는 것이다. 이것은 아테네의 직접 민주주의 방식을 세종 '특별자치시'에 도입해 보는 것이다.

V. 결론 및 제언

주민자치조직의 활성화는 먼저 주민자치조직이 형성되어야 한다. 그리고 주민자치조직은 공동체로서의 주민조직과 자치체로서의 주민조직으로 구분하여 활성화를 검토해야 한다. 공동체로서의 주민조직은 유대감과 호혜성을 가진 모임인가를 가지고 구분할 수 있고, 자치체로서의 주민조직은 기관구성(politeia)의 형태를 가지고 있는가로서 구분할 수 있다.

	구분	조직구조	유사사례
주민자치 조직	공동체로서의 주민조직	유대감, 호혜성을 가진 모임	조기축구회, 동창회, 전문인 협회, 학회
	자치체로서의 주민조직	주민총회, 집행위원회, 주민법정, 공동규약, 자치세원	아파트단지입주자대표회의, 사회적 기업, 사회적 협동조합, 교회

물론 현실적으로 지역의 다양한 주민조직이 이 두가지에 다 포함되는 것은 아니다. 학교운영위원회도 지역에서는 중요한 주민조직의 하나라고 할 수 있다. 즉, 학교운영위원회는 초중고등학교라고 하는 공공시설에 학부모대표들이 참여하고, 교사대표들이 참여하여 의사결정을 하는

중요한 자치조직이다. 물론 학교는 국가에 의하여 예산지원이나 교육내용에 대한 규제와 통제가 이루어지는 곳이기에 순수한 자치조직이 되기는 어렵다. 그러나 대안학교와 같이 학부모들과 교사들이 자치적으로 학교를 만들어서 사립학교로서 운영하는 경우는 학교운영이 순수한 자치조직으로서 이루어질 수밖에 없다.

이제 복합커뮤니티센터의 운영을 어떻게할 것인가를 생각해 보자. 복합커뮤니티센터라고 하는 시설은 세종특별자치시 혹은 국가가 건설해주고 그 소유권도 국가 혹은 세종특별자치시에 있다고 할 것이다. 그렇다고 운영을 자치적으로 하지 못할 것은 아니다. 주민들이 시설의 운영에 참여할 수 있도록 운영위원회를 구성하고, 주민들의 대표 혹은 주민공동체(자치체)조직의 대표들이 참여할 수 있도록 조례를 만드는 것이다.

다시 말해, 주민공동체의 대표들이 모이는 협의회와 같은 성격을 가진 운영위원회를 만들고, 이 운영위원회로 하여금 공공재산 혹은 공동서비스공급에 관한 운영권한을 가질 수 있도록 행정권한을 부여하는 것이다. 즉, 생활권역의 자치권을 부여하는 것이다.

이를 위하여 세종특별자치시는 시장과 시의회가 협력하여 특별자치에 부합하는 조례를 만들어서 생활권역의 주민자치가 가능할 수 있도록 하여야 할 것이다. 복합커뮤니티센터라고 하는 시설의 설계의 창의성과 참신성도 좋지만 하드웨어에 앞서 소프트웨어에서 진정한 주민자치가 될 수 있도록 법제도를 재설계하는 것에 좀더 연구하여야 할 것이다. 여기에는 이론가만이 아니라 실무가로서의 현장공무원들도 참여한 브레인스토밍이 필요하다. 세종특별자치시의 자치는 세종주민만의 것이 아니라, 한국의 지방자치와 주민자치를 선도하는 역할이 기대되는 것이다.

참고문헌

김영기. (2014). 뉴 잉글랜드 타운정부론. 대영문화사

김찬동. (2016). 로크의 관점에서 본 주민자치제도의 형성방안. 월간주민자치 제55권 (2016.5)

김찬동. (2015). 주민자치의 이해. 충남대문화원.

아리스토텔레스. (2009). 천병희역. 정치학. 숲

안성호. (2005). 분권과 참여: 스위스의 교훈. 서울:도서출판 다운샘

토크빌. (2009) 윤지근역. 다시보는 미국의 민주주의. 신원문화사

플라톤. (2005). 박종현역. 국가 정체. 서광사

월간 주민자치 각 월호 (2015), (2016)

Lancater, Steve & Davis Roberts ed. (2004). British politics in Focus, Ormskirt, Lancs, England: Causeway Press.

http://www.sejong.go.kr/dong.do

http://www.law.go.kr/